我的中医之路

孟景春 著

苏州大学出版社

图书在版编目（CIP）数据

我的中医之路／孟景春著．—苏州：苏州大学出版社，2020.8
 ISBN 978-7-5672-2874-0

Ⅰ.①我… Ⅱ.①孟… Ⅲ.①孟景春－回忆录 Ⅳ.①K826.2

中国版本图书馆 CIP 数据核字（2019）第 143209 号

书　　名：	我的中医之路
著　　者：	孟景春
策　　划：	刘　海
责任编辑：	刘　海
装帧设计：	刘　俊
出版发行：	苏州大学出版社（Soochow University Press）
社　　址：	苏州市十梓街 1 号　邮编：215006
印　　刷：	苏州工业园区美柯乐制版印务有限责任公司
网　　址：	www.sudapress.com
E - mail：	Liuwang@ suda.edu.cn　QQ：64826224
邮购热线：	0512-67480030
销售热线：	0512-67481020
开　　本：	700 mm×1 000 mm　1/16　印张：12.5　字数：101 千
版　　次：	2020 年 8 月第 1 版
印　　次：	2020 年 8 月第 1 次印刷
书　　号：	ISBN 978-7-5672-2874-0
定　　价：	88.00 元

凡购本社图书发现印装错误，请与本社联系调换。服务热线：0512-67481020
苏州大学出版社邮箱　sdcbs@ suda.edu.cn

青年时期的孟景春

中年时期的孟景春

暮年时期的孟景春

自咏（一）

泛泛遥教数十春
自惭学浅业未精
骑身杏林无建树
愧对先师张仲景

景春书

孟景春书法之一

自咏（二）

白髮紅顏具雄心
勤於動腦手不停
晚霞夕陽無限好
何必惆悵近黃昏

景春書

孟景春书法之二

低调廉世,自律
高尚为人
少说空话
多做实事

孟景春书法之三

孟景春书法之四

孟景春教授生平

中国共产党优秀党员、我国著名中医学家、江苏省名中医、原南京中医学院基础部主任孟景春教授因病于2017年10月28日凌晨1时31分在张家港市逝世，享年96岁。

孟景春教授1922年7月4日出生于今江苏省张家港市乐余镇。18岁起师从丁甘仁弟子汤礼门先生学习中医，四年后即独立行医。1955年被江苏省中医进修学校（南京中医药大学前身）选中入校学习，翌年因成绩优秀留校从事《内经》的教学工作。1958年加入中国共产党，1960年至1966年任内经教研组副组长，1972年至1978年任江苏新医学院党委委员、中医系副主任，1978年至1983年任南京中医学院中医系主任、副教授，1984年至1985年5月任南京中医学院基础部主任、教授。1978年被批准为全国首批硕士研究生导师。1992年获国务院政府特殊津贴。1994年被评为江苏省名中医。曾任江苏省及南京市中医学会副会长，江苏省中医学会《内经》研究会主任委员。2016年获得首届江苏省"国医名师"称号。2005年至2012年先后五次被南京中医药大学评为优秀共产党员，2011年被中共江苏省委组织部授予"'四好'离退休干部党员"称号，2014年被中共江苏省委教育工委授予"江苏高校优秀共产党员"称号。

青年时代的孟景春刻苦钻研，学识早成。20世纪50年代便主编及参编了一系列系统科学的内经学教材和教学参考资料，其中包括《内经辑要》《内经讲义》《内经选读》《素问译释》《灵枢译释》等重要著作，在内经学教材方面完成了一个从无到有的创举，成为中医高等教育教材编写的里程碑，为内经学和中医基础理论课程体系的完整建立奠定了厚实的基础。1957年，受卫生部委托，编写了高等医学院校第一部西医学中医的完备教材《中医学概论》，海内外总计发行超过100万册，对中医学知识的普及及中医走向世界产生了巨大影响。1987年，这部专著获得了江苏省科学大会奖。

20世纪80年代，孟景春教授主编了教材《中医养生康复学概论》（1992年由上海科学技术出版社出版），创建了全国首个中医养生康复学科，组建了中医养生康复教研室，使南京中医学院成为全国第一批培养养生康复专业人才的本科院校之一，堪称我国中医养生康复专业的奠基人。

孟景春教授一生治学不息，著作等身。先后编写（主编）的教材、专著、译著（古译今）有29种，公开发表医学论文90余篇、科普杂文200余篇，总计逾700万字，为弘扬中医文化、培养专业人才、普及中医知识做出了巨大的贡献。孟景春教授长期躬身一线教学，执掌《内经》及基础理论教学近半个世纪，育人理念先进、授课方法得当，为全国输送了大批优秀中医临床人才和师资。

孟景春教授坚持中医诊疗工作从未间断，擅长脾胃病和妇科病中疑难杂症的诊治，用药轻灵，顾护脾胃，注重脏腑、经络辩证，疗效卓著。从医70年，始终将大医精诚作为首要，坚持"医为仁术，用以济世活人，不能以术求利"，对于经济困难的患者多次解囊相助。因医德高尚、医术精湛，深受患者好评和爱戴。

孟景春教授学高为师，身正为范。一生生活清贫，却毫不吝惜钱财，常年资助贫困学生。2009年，88岁的孟景春教授一次性捐资20万元在基础医学院设立"中医树人奖",资助中医学子。同年,又出资1万元襄助本科毕业生孙龙同学中医创业。2013年更是倾其所有,再次捐赠50万元,设立"中医励耘奖",用于奖励临床带教老师。2011年,不顾90岁高龄,担任南京中医药大学第一批中医药学术传承指导老师,呕心沥血,培育传人。2014年全国名老中医工作室成立后,更是亲手制订编写工作计划,不计报酬,精心指导青年教师。

孟景春教授精研岐黄、发皇古义、精勤不倦的中医情怀,立德树人、提携后学、甘当人梯的传学品德,济世活人、甘于清贫、淡泊名利的人格魅力,无一不体现着大医、大师的风范。孟景春教授毕生热爱党、热爱人民、热爱事业,他正直的一生、无私的一生、博学的一生、卓越的一生、大爱的一生,赢得了南京中医药大学全体师生、家乡人民、广大病友及全国同行的尊重与敬佩。

高山仰止,景行行止。

一个纯粹的医者

孟景春,我的父亲。

2017年10月28日(农历九月初九,重阳节)凌晨,父亲在老家——张家港市的澳洋医院去世,享年96岁。父亲永远地离开了我们。

2017年11月1日上午,父亲的遗体告别仪式在张家港市殡仪馆举行。告别厅是殡仪馆最大的一个厅,厅内两边映出一副醒目的挽联:"医德高尚功千秋,教诲铭心传百年。"这副挽联确切地反映了我父亲——一个医生、一个中医学教育工作者的一生。

告别仪式由父亲生前工作的单位——南京中医药大学党委书记陈涤平主持,程、夏两位副校长以及南京中医药大学、江苏省中医院在职的或已退休的教师、医生近百人不辞远行数百里前来参加了告别仪式。张家港市委、市政府、乐余镇领导及市有关部门、单位的负责同志参加了告别仪式。据南京中医药大学工作人员说,有好多位教师和医生因上课、上班原因想来而不能来，还有不少老教师、老医生想来，因年事已高而被学校劝阻了。工作人员说，像这样高规格、有这么多人参加的告别仪式，学校历史上还没有过。

对学校来讲，我父亲俨然是一座丰碑。

我父亲究竟是一个什么样的人？我的确很难用几个抽象的概念来表述。他是一个人，一个平凡人，但又是一个不平凡的人。

在我出生时，我父亲就已经是乡里小有名气的医生了。新中国成立之初，父亲依然是私人行医，在家附近的一个名叫殷茅镇的小镇上设了个诊所。后来响应国家号召，加入了设在双桥镇上的联合诊所，每天早出晚归。父亲是个医生。这就是我儿时的记忆。

1955年，我上小学二年级。就是那年，父亲去了南京。至于到南京干什么去了，我懵懵懂懂。后来才知道，父亲去读书了，去继续学医了。这一去，就是60多年。

在过去那个年代，农村人进城是件比登天还难的事。父亲去南京的60多年就是和家人分居的60多年。我和父亲基本上没有像模像样地一起生活过。

因父亲一直在学校工作，所以每年的寒暑假就是全家人团聚的时日，也是我们全家最高兴、最阳光、最幸福的时日。

然而，即使是寒暑假期间，父亲跟子女交流的时间也很是有限，因为他忙着给人看病。只要父亲一回家，我们家里就热闹了，四邻八乡的人都会来找他看病。父亲在家待的时间越久，来的人就越多。记得有一年暑假期间，找父亲看病的人多得让全家都跟着忙乎起来，屋里屋外坐满了人，母亲忙着为大家烧水端水，还要向邻居借凳子借碗。父亲对求医者是来者不拒，最多的一天我估摸有近百号人，以至掌灯开方。父亲从没有抱怨过、厌烦过。小镇供销社一位名叫徐佩芬的大姐姐专门送来几大张白纸，供父亲开方用。

父亲回家给人看病只开方不收钱，当然，也经常有人送点礼。但我知道，父亲从医几十年，给穷苦人看病是从来不收钱的。即使到了被公认为"中医大师"这个份上，他还是坚持低诊金，门诊挂号费甚至低于一般医生。不是他不要钱，而是他心中有准则："医为仁术，用以济世活人，不能以术求利。"

父亲给人看病的模样给我留下了极为深刻的印象，

这是我所见到的最美的形象，也是最神圣的形象。父亲看病时，神情专注，问话温和，叮嘱亲切，不时地还给病人讲些小故事小笑话，犹如一股暖流注入病人心田。用医学的行话说，这就是"话疗""心疗"。

说到父亲，那必须说说我的母亲，因为于一个家来讲，父亲是一个不称职的父亲，而母亲是一个伟大的母亲。我兄弟姐妹一共6个，在我们年幼时，父亲就离开家了，整个家庭主要由母亲苦撑着。在农村，家里没有男劳力是很凄惨的。父亲的主要贡献是寄钱回家，养家糊口，至于家里的大事小事，包括孩子读书、砌房造屋、儿女婚姻等，都由母亲操劳，父亲对这些事力不能及。

2014年年末，父亲再度重病住进了江苏省中医院。在医院服侍期间，我用轮椅推着他转悠聊话，我曾玩笑似的跟他说："您是一个不称职的父亲。"他脸转向我，用一种很得意的口吻笑着说："你们不是都很好吗？"

但我又不得不说，我父亲是一个伟大的人。这个伟大，并不是什么超凡脱俗，而恰恰在于他的平凡，在于他一生坚守和践行着做人的基本准则。

父亲一生勤勉、节俭。静以修身，俭以养德。父亲刚去南京工作时，薪酬不高，家庭负担重，他省吃俭用，一分钱掰成两半花，还常把别人丢弃的碗盆之类的捡回去用。他给家人写信，从来不用单位的信封和信笺，信封都是用人家寄给他的信封里翻外重新制作的。几十年来，父亲一直住在七十多平方米的老公房里，屋里的书橱、写字台、座椅、沙发等，统统是老家具。客厅也是书房，在客厅的墙面上，挂着一幅内容为唐代诗人刘禹锡《陋室铭》的书法作品："山不在高，有仙则名。水不在深，有龙则灵。斯是陋室，惟吾德馨。……"在日常生活中，父亲对自己很抠，洗脸水、洗脚水都用一只桶储着，用于冲马桶。我们说这样不卫生，他说，倒掉浪费了，怪可惜的。

父亲一生好学，他的一句座右铭就是："活到老，学到老。"他是怎样不断学习和研究中医理论以及中医教学的，我不得而知，但从一名只有初中文化底子的普通年轻人成长为现代中医界公认的"中医之巨擘"，其学习过程之漫长和艰辛是可想而知的。我只知道父亲生前做了很多笔记，做了很多剪贴和卡片，这是他广搜博采的成果，也是他学而不倦的见证。

父亲内心深处藏着一颗"爱"的种子。他爱医，爱中医,爱中医药大学,同事称他是"铁杆中医";他爱他的学生,爱他的病人,培养学生,给人治病,是他人生最大的快乐,即使在身体状况不好的时候,只要有人找他看病或谈医,他的眼睛里总会放出兴奋的光芒。父亲一生清贫、节俭,但他为了医,为了中医,解囊资助贫困学生和学校带教老师毫不吝惜,一捐就是几十万元。他不打算把积蓄作为遗产留给子孙。父亲常常用林则徐的话解释自己的做法:"子孙若如我,留钱做什么?贤而多财,则损其志;子孙不如我,留钱做什么?愚而多财,益增其过。"

《我的中医之路》是父亲生前最后一份书稿,也是他唯一的一份回忆录——关于医的、关于中医的回忆录。2015年下半年在老家调养期间,他再次对书稿进行了核校,用红色圆珠笔颤颤巍巍作了不少修改。现在老人家走了,但这本书得出版。这本书承载着父亲一生对中医的挚爱,记录着父亲一生的追求。这遗愿必须得圆。

孟景春,我的父亲,一个纯粹的医者。

医者,仁心也!

孟景春次子 孟焕民
2018年末于苏州

目录

我的中医之路

开头的话 / 001

家世与学医的关系 / 004

　　（一）受外祖父儒医的影响 / 005

　　（二）父亲学医喜钻研，自制偏方 / 007

幼失怙恃，求学的艰辛历程 / 014

　　（一）糊涂老先生，教读不讲授 / 015

　　（二）进国文专修社，循循善诱好老师 / 015

　　（三）进梁丰初中，接受正规教育 / 018

　　（四）日军侵略，又断求学梦 / 019

　　（五）求学不成，走上学医路 / 021

从师学医到个人开业 / 023

（一）入师门，开始学习中西医 / 023

（二）跟师抄方的收获 / 026

（三）结业时老师赠送的礼物 / 028

（四）开张行医，初试牛刀 / 029

（五）治愈两例危重病人，名扬乡里 / 032

新中国成立后，由个体走向集体 / 035

（一）参加联合诊所 / 035

（二）进医士进修班，学习西医学 / 036

（三）实习西医临床，对中医学产生动摇 / 038

坚定了对中医的信念 / 042

（一）拨乱反正，县里举办中医进修班 / 042

（二）再学习，参加江苏省中医进修 / 043

（三）系统学习中医经典，夯实中医基本功 / 044

（四）听"八老"讲课不感兴趣 / 046

（五）能者为师，学习教学法 / 047

（六）兵教兵，一炮打响 / 049

由一名乡村医生转为中医教师 / 052

（一）进修结业，留校当教师 / 052

（二）开动脑筋，艰辛度日 / 053

（三）给留学生读讲《内经》/ 057

（四）进修学校升格为中医学院 / 058

（五）光荣入党，晋升讲师 / 059

（六）到昆山参加"四清"运动 / 060

"文化大革命"，一切都在改造 / 062

（一）遭批斗，下放白马湖农场 / 062

（二）"复课闹革命"，去医院上门诊 / 063

（三）中、西医合并办学，组建江苏新医学院 / 063

合久必分，恢复南京中医学院 / 065

（一）正规办学，招收本科生 / 065

（二）增设新学科，筹建中医养生康复专业 / 066

临床、教学两不误 / 069

（一）上门诊，带教实习 / 069

（二）带实习，经受考验 / 072

培养研究生 / 075

　　（一）开设研究生班 / 075

　　（二）培养研究生 / 079

编写教材和书写论文 / 082

　　（一）编教材、译经典，连年不断 / 082

　　（二）写论文，经年累月 / 083

国内外讲学，交流学术经验 / 085

　　（一）国内讲学，交流学术经验 / 085

　　（二）国外讲学，讲中医基础理论、临床和辨证施治 / 087

退休不久，连遭不测 / 094

　　（一）病魔突降，九死一生 / 094

　　（二）一波未平，一波又起，发妻脑中风 / 096

　　（三）久治不效，发妻撒手人寰 / 098

发挥余热，热心三件事 / 102

　　（一）上门诊，为病员服务 / 102

　　（二）写中医科普书，整理临床经验 / 104

　　（三）应电视台邀请，宣讲中医养生保健知识 / 105

最好的医生是自己 / 107

用内外因的辩证观点论调理脾胃的重要性 / 131

论补药必佐宣通 / 142

论"胃喜为补" / 146

我的导师孟景春 / 149

杏林枝损　莲池上新 / 159

孟景春出版著述一览表 / 171

开头的话

我写这本小册子，主要是回忆我九十余年的生活和经历，重点回顾我学中医做中医七十多年的过程。这一过程，可以用"迂回曲折"四字来概括。

在没有写《我的中医之路》的内容之前，先写一段可以说与我毫无关系的人物故事。这是一个完全真实的故事。

我要讲的是北京师范大学的一位"国宝"级人物。他就是我国著名学者、教授、红学家、书画家和文物鉴定家启功。启功老先生非常乐观，非常幽默，且毫无名人架子。他对自己的经历作了这样的表述："中学生、副教授。博不精、专不透。名虽扬，实不够。高不成，低不就……"实际上，这是他的谦词。

我之所以要讲启功的这个故事，是因为我有一点与他相似，就是"中学生、副教授"，"博不精、专不透"。这两句话用在我身上，是再恰当不过了。因为我上初中的时候，日本帝国主义正侵略我国。其时日本军攻陷南京，江苏各地也相继沦陷，学校都被解散了。于是正在读初中的我，和所有的同学一样都打铺盖回家，丧失了求学的机会。从这一事实来说，我是中学生，而且是没有毕业的初中生。后一句，我现在也被评为教授，从学识来讲，我是中医，但对这一专业，自知学识不够，"博不精、专不透"。所以我曾自我评价："从医从教数十春，自惭学浅业未精。"有人说，你太谦虚了。我却有自知之明。即使我对《内经》有研究，也仍是极其肤浅的。《内经》包括《素问》《灵枢》二书，共计162篇。我对两部书虽多次进行过译释，且都已出版发行，但说实话，这只是作了文字的翻译和词句的解释，而对于其中隐含的深义，我还有不少懵懂之处。最欠缺的是有关针刺的内容和运气学说等，我连一知半解都谈不上。所以对我来说"博不精、专不透"完全正确。可这句话只是说我身为讲《内经》的教师，对《内经》全书研究得不深，并不是说我对所有的中医学术都是一知半解，大可不必妄自菲薄。如果真如此，我也不能被评为教授。且在临床方面，我也有一定经验，不然怎能获得许多病员的信任，在中医界也有一定的声望。1978

年我被评为首批硕士研究生导师。1990年我被评为第一批省级名中医。1992年获国务院政府特殊津贴。凡此种种，也是通过不断的勤奋学习获得的。

小说《钢铁是怎样炼成的》中的主人公保尔·柯察金有一段话："一个人的生命应当这样度过：当他回首往事的时候，不因虚度年华而悔恨，也不因碌碌无为而羞耻。"每当我闲坐思考时，我常会想起这段话，并拷问自己：我有没有虚度年华？今天，我可以毫不含糊地回答：没有。我的一生，没有轰轰烈烈，没有一鸣惊人，但也绝没有碌碌无为而虚度年华。我只是努力在做，坚持在做，做一个合格的中医学教师和一个合格的中医工作者。

回首数十年的历程，感慨良多。我从一个"稍识之无"的毛头小子走到今天已是满头白发，这数十年的历程，是如何走过来的，值得好好地回忆和思考。于是想执笔写一写，既是对自己的总结，也想对后来学习中医者有些参考价值。我把它写成一本小册子，这本小册子名曰"我的中医之路"。

家世与学医的关系

谈家世,根据我的印象,只能从曾祖父谈起。关于曾祖父的事迹,我也是从父亲和伯父那里听得的。过去我家有个传统的规矩,即每逢过年(春节)过节,都要祭祀祖先。在祭祀之际,像请客一样,桌子摆好,点上香烛,然后摆好酒盅、饭碗。还要像宴请亲朋好友一样,酒过三巡后再端饭碗。就在这些程式的时间空隙,父亲便讲述家世。因经过不止一次的讲述,曾祖父在我的头脑中便留下了深刻的印象。

据说我的曾祖父名性善,原籍靖江。至于在靖江何地,就弄不清楚了。据说曾祖父年轻时家境贫穷,也无钱读书,勉强在私塾启蒙。读了100多天,因无钱交学费,只好停学。到十七八岁时,依然为穷困所迫,就想外出拾荒,这是不花本钱的苦工。那时靖江的南岸是一片长江滩地,满长着芦苇和茅草,茅草割下晒干可以喂牛。割草卖钱,这是无本取利的苦活。经过一个季节的苦干，晒干的茅草堆积起来，远望就像几间茅草屋，等待养牛户主来购买。一年干下来就可以挣到不少钱。曾祖父从此落脚下来，从靖江带了家人南下定居（那时定居手续简单，不需要什么介绍信什么证明等，只要到当地地保报到，花一些钱，备一桌酒水请他吃一顿，打个招呼就算完事），落户在三兴乡，不过那时还没有这个地名，通称"常阴沙"。

常阴沙这块地方，自那时到目前为止，更换了不少行政管辖部门。新中国成立以前，常阴沙属于南通县，为南通县第五区。新中国成立后归属常熟县管辖，称为沙洲区。1962年，沙洲区又从常熟县划出来和江阴的部分地区如杨舍、后塍等合并，改名为沙洲县。1986年，由沙洲县变为张家港市。所以我就是张家港市人。确切的地点是张家港市乐余（乡）镇22大队（村）。

至于我的家世中跟我学医有关联的，还得从我的外祖父和我的父亲讲起。

（一）受外祖父儒医的影响

我的外祖父名叫季轩庆，原是位饱读诗书的不第秀才，清朝末年，改朝换代，科举也没有了，他弃儒学医，用传统的说法，就是儒医。因他有较深的文化底蕴,自己买了不少内科、妇科、儿科方面的医书,朝夕攻读。经过两三年的研读,有了一定基础,便开始行医了。俗话说:"秀才学医,笼中捉鸡。"意思是说,有文化的人学医是很容易的。外祖父开业行医,业务还不错。说真的,在农村里,有了这一身不求人的技术,发大财不容易,但求温饱小康是不成问题的。我清楚地记得小时候跟随妈妈去外祖父家,刚到村口,远远就望见一个大宅院,我妈妈用手指着那所大宅院说:"孩子,我们马上就要到外婆家了。"妈妈还嘱咐说:"见了外公、外婆一定要叫人,要懂礼貌,外公、外婆才喜欢你。懂吗?记住啊。"我频频点头说:"妈妈,我知道了。"不一会儿到了,外公、外婆早已等候在门口。我亲热地叫了"公公""婆婆",外婆笑得合不拢嘴,连忙和我亲了亲脸。我进门一看,外公家的房子比我家大,所有的桌椅板凳也比我家好。在屋的正中,还挂着字画、对联,当然写的什么我也不懂。总之,感到有一种与众不同的气派。这是做医生的外公与众不同之处,我幼小的心灵产生了莫名的羡慕。

最令我难忘的是,十一岁那年的春天,我突然发热,头痛得非常厉害。我母亲心急如焚,马上派人去告诉我的外祖父。外祖父听了来人的诉说，马上叫我小舅父把我接到外祖父家里，立即给我诊视，随即开了药方，又叫小舅父到镇上中药铺配药，回来煎熬好了，令我服药。因中药较苦，我不肯服。外婆、小舅父等千方百计令我服药，一面说"孩子，不要怕苦，吃了药头就不痛了"；再说"吃了苦药，病就好了"；又说"吃了药，给你吃糖"。可是随他们怎么说，我就是咬紧牙关不张口。在这样的情况下，外婆就一面用手捏我的鼻子，一面令小舅父灌药。就这样，我总算把药吃下去了，又吃了一口糖水。这样一折腾，我昏昏沉沉睡着了。一觉醒来，头痛已减轻了许多。第二次服药，也就不那么不听话，而是自觉地把药喝了。如此治疗一个星期后，就渐渐康复了。在这短短的七八天中，我母亲来看望了三次。

这次病痛在我心中留下了深刻的印记，一是生病的痛苦，二是生病后医生治疗的重要。

（二）父亲学医喜钻研，自制偏方

我的父亲孟学文，排行老二，在家中以务农为业。父亲年幼时，祖父照例送他到私塾读书。他读了《三字经》《百家姓》《千字文》，继而读《论语》《大学》

《中庸》《孟子》等几部经典。在那时,儒家的经典为求学者必读之本。在读完《孟子》后,我父亲的学业便中止了。那个年代,在农村中多数是不读书的文盲,能读完"四书",也算是不寻常的知识分子了。这是父亲经常讲给我听的他的读书经历。有了这点文化基础,基本上可以看懂其他书籍。父亲可能也是受了我外祖父的影响,在务农之余,也想当个医生。他把这个想法在适当的时机告诉了我外祖父。外祖父听了他的想法后,非常支持。父亲先向外祖父借了几本医书,后来又陆续买了些。他读过的《雷公药性赋》,至今我还保留着。还有一部《医宗金鉴》,书中有插图,我当时也不懂什么医书不医书,因其有很多插图,感到很有趣,不时也偷偷地翻阅。有一次正在翻阅,看得入神时,被父亲看见了,他轻轻地打了我一下,并严肃地说:"小孩子,你看不懂,不要弄坏了,以后你不要随便看了。"另外,还有一部书,好像是《验方类编》的小册子。父亲在农作之余,便认真地看这些书。值得一提的是,父亲不但认真看书,还有很强的钻研和实践精神。他在书本中看到治什么病的有效验方,便如法炮制,而后用于治疗。我记得特别清楚的有这样几个例子:

清晨起来后捕捉大蜘蛛。父亲说以它配成药能治外科中的大症——对口疽（即生在项部的痈疽，属现代医学所说的蜂窝织炎）。我记得父亲在夏天清晨起身后，便在屋前后檐头下寻找蜘蛛网。网中若有蜘蛛，立即将它捉住，放入预备好的竹篓桶儿；若没有蜘蛛，便用一根细草轻轻往网上一触，空网轻轻抖动，恰似小动物上网的挣扎状，不一会蜘蛛就被诱出来了，父亲立即将它捉住。当捉到七只时，便算大功告成。然后将七只大蜘蛛用布包住，放在瓦片上，上面再用瓦片盖好，下面架起火烧，直至焦黄起烟时，停火取出，放在地上。待冷却后，取出研为细末，再加其他药物（是什么药物我不知道）共同研匀，用瓷瓶装好，便算研制成功。

捕捉癞蛤蟆和赤练蛇。有一天早上，我起身后习惯地到鸡鸭窝里看看是否有鸡鸭蛋，不料走到鸡窝旁，看到一堆红黑斑斓的东西。走近一看，吓得惊叫一声，再定睛一看，原来是一条赤练蛇正盘绕着一只大癞蛤蟆，但它仍闻声不动。后来听说这赤练蛇是没有听觉的，当地人将它称为臭聋。情急之下，我慌慌张张边跑边唤："爹爹，快去打蛇！"父亲问清了情况，便找了一把铁叉和大钳子，同时还拿了一个广口的瓷罐。走到那里，父亲将铁叉对准了蛇身猛刺，然后又把铁叉举起来使劲碾了几下，蛇身终于松开不动了。父亲将蛇和蛤蟆一起装入瓷罐内，再置于高度的酒内浸泡并加盖密封。据说这种酒叫"龙虎酒"，浸泡3～6个月便可使用，能治皮肤病，包括顽固的牛皮癣。

取没有开眼的小老鼠。有一次，父亲在乱草堆里发现了一个鼠窝，鼠窝内有数只初生的小老鼠，周身尚未生毛，光溜溜的，眼睛也尚未睁开。父亲见了如获至宝，连窝端起至室内用镊子将小老鼠一只只钳起，也放在一个广口的瓷罐内，然后倒入适量的菜油，将小鼠全部淹没，再加盖密封。父亲说这是能治汤火烫伤的良药。

其他还有不少类似的自制偏方，我就记不清楚了。

我自己学医开业后，专门就以上三种动物药的炮制查看了《本草纲目》和《验方新编》，这两部典籍对以上三种动物药的功效和主治都有记载，不过炮制方法不完全相同。

如蜘蛛，李时珍《本草纲目》的附方里说它能治16种内外科疾病，但没有治对口疽的明确记载，与对口疽类似的疾病却有数种，如鼠瘘肿核、疔肿拔根、肿毒初起等。

再有用赤练蛇和癞蛤蟆泡制的龙虎酒。《本草纲目》称癞蛤蟆为"蟾蜍"，在其附方中能治的病有内、外、妇、儿各科计23种。其中有治癞风疮，所谓癞风，实即顽固性皮肤病。

至于小老鼠治疗烫火伤，李时珍《本草纲目》也有记载，不过炮制方法不同，他是将小老鼠用黄土加水调成糊包裹，焙研末，菜油调涂。直接用菜油浸用方法简化，可能是后人在应用中将方法改进了。

写到这里，我不禁想起现在作为一名中医，如果也能自制药物应用于临床就好了。不过上级有关部门对此有不少限制，如必须经过动物实验、药物成分分析，然后再试用于临床，最后还必须有专家鉴定等。这样不仅要花时间，还要花不少资金。如此使不少医务工作者望而却步，不少有效验方也因此而失传了。

还有，现在一般中医在治疗过程中只开一个处方，或开各种中成药，极少应用自制的药品。

父亲是半农半医，可以说极似"文革"时的"赤脚医生"。从医疗的角度来看，父亲有良好的医德医风。举例说，在农忙时，自家地里的活都忙不过来，但此时若有人请他诊病，不管是门诊还是出诊，他都不会拒绝。那时出诊多是步行，也有病家用人力车（也有称它为牛头车、独轮车）来接他去的。那时在农村诊病，不像现在规定门诊费多少、出诊费多少，一般都是随病家，父亲从不计较多少。有的病人家贫，拿不出诊费，父亲就免收了。有时诊治小疮小疖，给病人切开排脓，还得用外敷药，但对真正拿不出钱的病人，父亲连药费也给免了。看病不收钱，病家当然感激，好话连声："先生是菩萨心肠，看好了我的病，我一定为您扬名。"所谓扬名，即作口头宣传。这样的事常有，给我留下了深刻的印象。

父亲除了诊病外，还有一生财之道。我童年时，不像现在这样，孩童生下后都免费接种疫苗，防止出天花。不过那时已经有一种预防措施，叫"种牛痘"。那时不搞计划生育，每家都有三四个小孩子，多则有五六个。父亲看准了这一点，在冬春时走家串户为人家种牛痘。种牛痘家家都很重视，也愿意花钱。有的人家是独生子，更愿意花钱。这一项是不免费的，这是一笔较好的收入。

父亲除种牛痘外，每到农历十二月年终时还有一种生财之道，即写春联、送灶神。父亲的书法，以我现在的眼光看，也只是一般水平，但在当时的农村，父亲可算是凤毛麟角的"书法家"。所以父亲写的春联、画的灶神都是很受老百姓欢迎的。父亲画灶神也很简单，将墨汁涂在一个木刻的灶神脸部，然后印在红纸上，然后在灶神的头部、面部着色，画上胡须、衣冠袍服，再加上红绿色描绘，一个灶神爷便完成了。短短的十数天时间，从每年腊月中旬忙到大年除夕便告结束。有了这份收入，我家过年过节的用度便不用自己掏腰包了。

幼失怙恃，求学的艰辛历程

我的童年和晋代的李密有点相似。李密是何许人也？如果你读过《古文观止》，里面有一篇传诵千古的名文《陈情表》，它的作者就是李密。在《陈情表》中，李密首先讲他的身世：

生孩六月，慈父见背；行年四岁，舅夺母志。祖母刘悯臣孤弱，躬亲抚养。臣少多疾病，九岁不行，零丁孤苦，至于成立。既无伯叔，终鲜兄弟，门衰祚薄，晚有儿息。外无期功强近之亲，内无应门五尺之僮，茕茕孑立，形影相吊。

之所以说我的童年与李密相似，因我是十一岁丧父，十四岁丧母，只有一个比我小七岁的妹妹，因而我只能寄养在大伯父家中。我每见到大伯父一家人有说有笑，我的心里总有种说不出的滋味，有羡慕也有几分嫉妒，有时也偷偷地落泪。

（一）糊涂老先生，教读不讲授

寄养在伯父家里时，伯父把我送至距离不远的私塾去读书。那位私塾先生姓何，叫什么名字，当时也没有人介绍，只令我称呼他"何先生"。据说他是前清的秀才，他教我读的书是《孟子》和《幼学琼林》，但是他每天只领读当天教的一段内容，再摇头晃脑地朗读一遍，也不讲解，并嘱隔天要背诵一遍。他每天就这样老一套，大家感到非常枯燥乏味，但也无可奈何。那位何先生还有一个不良的癖好——吸毒（吸鸦片烟），所以他每到下午就上街去吸毒，并且要再睡个午觉才回来。我们十几位同学已掌握了这个规律，所以每至下午，除了练几遍书法外，就大家一起玩耍，如踢毽子、拍皮球、跳绳等，玩得不亦乐乎。就这样混了一年，也没有多大的收获。我向大伯父说了自己的感受，并讲了自己的想法，表示不想再上这样的私塾，伯父听后也就同意了。

（二）进国文专修社，循循善诱好老师

后来有人向大伯父介绍说，离此地十余里的合兴镇有位饱学先生，名叫汪仲伊，是前清的贡生（"贡生"是对考取秀才，再考举人而没考取的人的称呼），他办了个私塾,名叫"国文专修社",在那里读书的学生都有很大的进步。伯父打听属实后,便决定送我到那里读书。经过联系落实,春节过后,我便准备学费、膳费以及衣被等去上学了。

那天去上学由三叔父送我。大伯父家距合兴镇有较长的一段路,那时没有什么交通工具,骑自行车的也很少,一般都是步行。由于我年龄小,又要寄宿在那里,带着被褥、衣服、面盆等,所以三叔父推着人力车,令我坐在人力车的一边,另一边放行李。经过三个多小时,到了目的地,见到了那位汪先生。汪先生年龄在五十岁左右,身材不高,身体微胖,圆圆的面庞还留了一副八字胡须。他见了我和三叔父,点点头。三叔父向他介绍了我来求学的愿望,又说了"务请严加管教"等客套话。我因年幼,未经世面,又比较内向,只规规矩矩叫了声"先生",深深地鞠了一躬,便算拜师了。那位汪老先生很和蔼可亲,尤其师母更是可亲(那位师母看上去要比汪先生年轻十多岁)。汪先生讲得一口沙洲话,他对三叔说:"你放心,我这里学生多,我们会管好、教好的。"然后领我和三叔父到小阁楼,这小阁楼就是我的宿舍,连我共三个人住在一起。师母让我们三人相互作了介绍，三叔父帮我把床铺铺好，又嘱咐了几句就向汪先生和师母告辞了。国文社的同学较多，有二十余人，年龄大小悬殊，大龄的近二十岁，年纪小的十一二岁。我那时刚十五岁，处于中间状态，但老师所教的内容是不分年龄档次的，有《论语》《孟子》《左传》《诗经》《秋水轩尺牍》，还有《唐诗三百首》。至于教、讲也没有年龄的区分，其区分就是作文题，大年龄的作文题较难较深，年龄小者的作文题大多较简易，规定每周写一篇。先生对作文十分重视，批改也十分认真，每篇作文都有评语，对文中精彩的词句加密点和密圈。每篇的评语多数是表扬鼓励语，所以每次作文本发下时同学们都要互相交换看看，主要是看评语。再说先生的讲课，他用不着像我们现在这样有讲稿，因为他对每本书都烂熟在心、背诵如流，甚至连所有注释都记得清楚，因此先生在讲授时从不看书本而是闭目，边朗读边讲解，讲得抑扬顿挫、娓娓动听。他在讲课时，有时会突然睁开眼睛，唤某某同学的名字，令他回讲有关内容。讲得好的，当场表扬，讲得不好或有错误的给予批评和纠正。所以在先生讲课时，谁也不敢思想开小差。由于汪先生读书的功底深厚，教学循循善诱，所以我在国文专修社一年期间得益不少，主要是古汉语有了较坚实的基础，也增强了后来自学中医的能力。这一年可算没有虚度。

（三）进梁丰初中，接受正规教育

在合兴镇学习古汉语一年，转瞬我已经十六岁。同学们在闲谈中常常谈到时代在进步，我深感光学习古汉语可能要跟不上时代的步伐，还是应该到正规的学校学习。这一想法得到了我小叔的赞许。小叔原是师范学校毕业的，其时已在高小任教。小叔想到他的同学在梁丰初中任教，且知道这位同学与教导主任关系不错，便写了一封信，说明了情况。小叔的那位同学回信表示愿意帮忙。于是在暑假后开学时，我拿了小叔的介绍信，到梁丰初中找到我小叔的同学——陈老师。我向陈老师自我介绍后，把小叔的介绍信递上。他看了后，领着我办了该办的手续，就这样我顺利地进了梁丰初中。

由私塾一下子转入正规的学校，从环境到教材都有很大变化，更有众多的教师讲课，总之，所有的一切都让我感到新鲜而有趣。从此我下定决心：一定要好好学习，初中毕业，上高中，再上大学，将来成为一个有用之才。

（四）日军侵略，又断求学梦

可是命运一直在捉弄我，可恶的日本鬼子发动侵略战争，进攻我国，国民党军队节节溃退。到了这一年的十月中，日本鬼子已打到上海，近在咫尺的杨舍镇（现张家港市政府所在地），鬼子常有飞机来轰炸，我们的学校有一幢显眼的钟楼，更是主要的轰炸目标。学校领导考虑到同学们的安全，便宣布学校停课，同学们暂时回家，今后听候通知再行复学。同学们听了这个宣布，心中都抱着复学的希望，所以都只身轻装回家。哪知回家后，形势每况愈下，南京也很快沦陷了，国民党军队溃退，从此整个江苏都被日本鬼子侵占，复学的希望已成泡影，留在梁丰初中的被褥衣箱，也就一去不复返了。

日本鬼子侵占江苏后，在南京扶持了以大汉奸汪精卫为代表的傀儡政府，依旧挂着孙中山先生的画像，仍称"国民政府"，悬挂青天白日旗，不过旗帜的上边加了一面小黄旗，写着"和平救国"。日本军国主义者声称要建所谓"大东亚共荣圈"，意思是和日本合作，荣辱与共地把东亚地区建设好，实质上这是个骗人的幌子。由于有了这样的骗局，日本鬼子四处轰炸和到处杀人的情况没有了，表面上暂时平静下来。就在这时我的小叔也因乱而赋闲在家。春节后的一天，大伯和小叔见面。当时社会局势暂时平稳，他们看我小小年纪无工作能力，又不学习，认为我这样是在浪费青春年华。那个时候类似我这样的年轻人，可以说比比皆是。大伯家小儿子召春和我同年，同样也辍学在家。于是大伯和小叔商量，要他出任教师，在乡村招收与我们年纪相仿的青少年，办一个补习班。经过一番研究，小叔同意了。于是补习班便因陋就简地创办起来，教室设在大伯家靠南边的一间屋，腾出原有杂物，增设十几张课桌、板凳，再置办了一块黑板，筹办就算告成了。于是再分头联系亲朋好友，凡具有高小和初中文化程度的青少年，动员他们来上补习班。经过这一番联系，再相互串联，同意此举的不乏其人，一下子男女生就有三十多人，其中还有几个路远的愿意寄宿就读（当时有四位）。报名结束后，决定在农历正月十五后正式开学。这个补习班的教学内容，从总体来讲可以说是新旧结合。古的如《古文观止》（选读）、唐诗，有白居易的《琵琶行》、杜甫的《石壕吏》等；新的有鲁迅和朱自清的文章。此外，补习班还教英语和数学等。主要作业有每门课的练习题、作文和周记等。经过这一年的学习,大家收获很大,扩充了知识面,提高了写作能力和对文章的欣赏能力。

一年过去了,在年终岁末,小叔接到他无锡读书时的老师吴宗汉的来信。原来吴宗汉在上海地区私人办了一所中学,名叫"弘毅中学",在开创之初,需要可靠的人员为他管理财务。他也是三兴乡人,与小叔既是同乡,又有师生的情谊,便邀请小叔去上海,并答应小叔一方面在中学做财务工作,一方面还可继续攻读大学。这是一个不可多得的好机会,岂可错过!小叔于是去了上海,乡村补习班宣告结束。

(五)求学不成,走上学医路

小叔去上海时,还带了几个愿意去上海继续攻读的学生,一共有六位同学,包括我大伯家的小儿子孟召春。我当时也很想同去,但大伯和小叔都不同意,说我应该早点成家立业,能学会一门技术最为合适,他们动员我学医。因此,我就打消了去上海的念头。不多时,大伯打听到杨舍镇有位医生不错,既能中医,又懂一点西医,人称"中西医"。后又打听到当时在三兴镇附近的鸭坞桥西边,有个名叫顾廷珍的就是他的学生。我一听"顾廷珍"便记起他原是我高小时的同学,我打听到他家确切地址，便到他家去作一次询问。一天上午，我到顾廷珍家见了他，并说明了来意，他一口答应，表示愿意为我介绍。

　　顾廷珍比我大三岁，所以他已是成年人，比我老练。之后我连续去过他家多次，请他帮助我落实。后来他说老师同意了，从此我就走上了学医的道路。

从师学医到个人开业

在我十八岁那年的春天,过了元宵节,还是由三叔父推着人力车将我送到了杨舍镇的南门。经过多次询问,终于找到了先生的住址。这是一座高大的门庭,只见大门边门墙上挂着"汤礼门中医诊所"的招牌。我们进门首先找到了介绍人顾廷珍师兄,再由他引见给先生。紧接着说明了情况,交了学杂费。三叔父也向先生讲了些礼节性的客套话,然后又对我嘱咐了几句,就此告别。

(一)入师门,开始学习中西医

在此对汤先生的简历作一粗略的介绍。先生姓汤名礼门,字荻芬,是上海著名中医丁甘仁先生的弟子。民国初年,丁甘仁先生创办了上海第一所中医专门学校。汤先生就是该校学生。在校学习期间,汤先生是直接跟着丁甘仁先生实习的。所以说他是丁甘仁的弟子,是名副其实的正宗中医。之所以又称其为"中西医",原因是我那位师母是位护士，她懂得点西医知识，并会注射和创伤包扎等技术，汤先生也学会了一点西医知识和注射技术，当时的农村和小城镇都是中医的世界，而先生在治疗中也常用点西药或注射针剂，于是便传开了汤先生是"中西医"。

我去学医时，其实已有师兄九人。先生对学医弟子展开教学的第一件事就是交代学习的书目，主要是唐容川先生编著的《伤寒论》《金匮要略》《医经精义》（都是《内经》中的原文和注释）、《本草问答》《血证论》，总名为"唐容川编著医书五种"。先生对这些书并不讲解，而是要求我们熟读。此外，还有丁甘仁先生自己编著的《药性辑要》。

先生上午门诊，下午出诊，那时也没有休息日的。在此先讲讲门诊的概况。门诊室是一个较大的房间，有二十平方米大小。室内有大橱四个，橱内放着内外科常用药物，有丸剂、散剂、膏剂等，丸、散都装在青花瓷瓶内。另有一橱，内放着外科应用的器械，包括注射用的消毒煮沸器等。墙壁上还挂有对联和画，那时我也不会欣赏，也不知是否为名家的书画。除此以外，室内还放有一张长方形的桌子，长达两米，宽一点五米，两旁各有长板凳，桌子一头的正中放有一张椅子。这是病员就诊的地方。

每天早上八时许，用过早餐后，所有学生就走进诊室在长方桌两旁就坐。但就坐时还有个规定，即高年资的师兄坐在贴近先生的地方，以便抄方。每当病人进来后，先生便望、闻、问、切。有时望舌苔、切脉，也令大家看一看舌苔、摸一摸脉，顺便讲几句舌苔、脉象和病证的关系，然后就开方书写病案。此时，先生必高声朗诵病案内容、药物名称和剂量。先生朗诵时像咏诗一样，有板有眼，娓娓动听。先生之所以如此，我后来得悉，这也是继承了丁甘仁先生的作风，因为只有这样，才能使所有抄方者都能听得真切，不致发生差错。

先生每方用药一般都在十味左右。抄方的高年资弟子写好方案，示予先生过目，经先生认可后交与病员，再嘱平时注意事项。这样对一个病员的诊视才算完满结束，接着挨次诊视。下午是规定的出诊时间，先生如有出诊，常带高年资的师兄随诊。如没有出诊，先生常出去找牌友打牌，留下学生自由活动。比较好学的学生自己学习，或抄写其他有名的医著，也有的同学在宿舍内打牌玩耍。我的学医生涯基本上就是这样度过的。现在在校的大学生有教师上课讲解，过后还安排辅导，如此系统的学习，是多么好的学习机会！我回想自己三年多时间的学习，基本上是以自学为主。先生偶尔也出几个作文题，令大家写一篇文章，如"三焦论""论脾胃""白萝卜和新米粥的养生作用"等。说实话，"三焦论"和"论脾胃"这等题目，不要说初学医尚未入门的写不好，即使现在比较有水平和临床多年的要写好也并不容易，所以当时要我们这些尚未入门的初学者写，真是赶鸭子上架。但是老师已经布置了，我们只能查看书本中的有关内容，东拼西凑地写成一篇"滕文公"的文章交卷。而先生也一本正经地看了，并写上评语，当然，这些评语多属鼓励之言。

（二）跟师抄方的收获

话还得讲回来，在三年多的时间内，先生虽没有系统地讲授经典和中药方剂，但俗话说得好，"百闻不如一见"，我们每天上午都能随先生门诊抄方，这抄方实际上就是间接的实践，这一点是现在的学校万难做到的。故而可以说，这是师授徒唯一的优点，也是非常可贵可取的一点。古有"熟读王叔和，不如临证多"的谚语，还有一句话叫"读书三年，不如抄方一年"。这两句话都是讲，对学医的人而言，实践是很重要的一环。每天上午我们都能随先生门诊，耳濡目染先生对望闻问切的应用和对各种病症的处方用药，时间长了，也能悟出一些门道。尤其是看外科各种疮疡红肿热痛与皮色的变化，先生告诉我们辨别阳症、阴症的要点，还有创口切开要顺肌肉纹路，不能横切，横切一则不易收口，再则收口后疤痕很大，再有切开后上什么药或配合什么西药等。见过多次，我们也就能了然于胸中了。在诊余的时间，我们就抄录有实用价值的医书，我抄了丁甘仁的小册子和丁甘仁的医案《喉痧症治概要》（当时没有印行本）、《痢疾明辨》等，约五十万字。

在随诊抄方时，值得一提的是，即使是先生报处方药名时的插话，也有很多值得学习的地方。例如治感冒，患者言鼻塞流涕，先生问是清涕还是浓涕，若患者曰清涕，先生加淡豆豉十克和葱白头三枚等；若言浓涕，则加薄荷叶、桑叶、菊花等。又如感冒者有音哑，先生必问是原有的还是感冒后有的。若患者告以感冒引起的，先生必加冬瓜仁（打）、胖大海、净蝉衣；若是咽喉痛有痰者，常加桔梗、生甘草；若咽喉干痛，常加芦根、玄参等。这是举一感冒之例。其他病证类似者亦不少，这也是随师抄方之一得。

（三）结业时老师赠送的礼物

在学习即将期满之时，有一日先生和我谈话道："学习即将结束，将来你独立行医，一定要好自为之。俗话说得好，'师傅领进门，修行靠自身'，这是武术师常对徒弟说的一句口头禅，我们学医的同样也是如此。希望你今后好自为之。"我听后频频点头，并说："我记住了。"继而先生又拿出两本手抄的书本对我说道："这两本手抄书是我学医结业时丁甘仁先生交给我的。一本是《处方指南》，亦名'丁甘仁一百十三方'。其中有感冒、风温、湿温、伏暑、疟疾、中风、风湿、咳嗽、吐血、虚劳、温补命门、痢疾、遗精、淋浊、疝气、溲血、便血、肿胀、肝阳、妇科、咽喉、外科、疔科、下疳、鼻渊、眼科、耳科，共计二十七门，每门中再分几个证型的处方。另附有丁先生常用单方、验方。另一本是《外科应用良方》（包括口腔、皮肤等），为医者必须自己研制。"说完先生将书交给我，要我必须在短时间内抄写好，原书再交还。先生还给我讲了这两本书的作用："第一，《处方指南》可以说是初出道医生的'护身符'。因疾病种类甚多，每种都能正确处理不是那么容易，在没有把握的疑虑之际，可以从《处方指南》中找一比较合适的处方开给病人，并告知如果服后效果不理想，可再来复诊。而后再查看方书或医案中相似者，好好琢磨。这样日积月累，便能不断进步。至于外科应用方，你尽可能购道地药材，而后如法炮制成丸散膏丹。这样既可方便病人，亦是一种生财之道。但一定要记住，研制的药材必须是上好的精品，才有良好的效果。"听完先生的一番嘱咐，我将书接拿后如获至宝，不分昼夜地抄写，三个星期后终于抄完，然后交还给先生，并再次致谢。

接着我便写信给大伯父说明学习结束和返程的时间，届时还是由三叔父接我回家。那天三叔父接到我，再去拜见先生，又对先生说了一些"感谢栽培"等的客气话，从此我就告别了先生和还在学习的师弟们。

（四）开张行医，初试牛刀

回到家里后，大伯父给了我极大的支持，他把南边一间房（即原来作教室的那间）腾出来给我当诊所，又请匠人打造药橱。我又把抄写的《外科应用方》拿出来，挑选出外科常见病的治疗药约五十种，把配方中要用的药材开好药名和用量，再把配制丹药的用具，如药船、研钵、称药的戥子等，写好清单。然后大伯父陪同我来到常熟县城南大门的一家老字号大药店——童仁泰（这家药店兼批发药材），我们把要采购的药单呈上，其中有名贵的中药材（配外科药用），如麝香、冰片、雄精、上肉桂、红升丹、黄升丹等，还有通常外用的红布膏药等。与此同时，制药的用具也买齐了。回来后便照方配制，而后分别置于瓷瓶中，并贴上药名的标签，整整齐齐地放在药橱内。经过一番准备后，选在中秋节开诊。在开诊前，我写了百余份开诊广告，每张都写上"汤荻芬先生的门人孟景春中西医内外科开诊"，旁注地址，请了一位农民为我四处张贴，并嘱咐他主要张贴在市镇的街头巷尾，方圆十余里的范围。此外，我还到邻近市镇的中药店拜候店主，因医、药是一家，中药店也是能给我做宣传的一个窗口。另外，我也为自己立下一个规矩：凡左邻右舍，南至封头坝（地名），北至东界港镇，南北约二里之距的人家，无论诊病多少次一律免费，生活十分穷困的，还免收药费。此外凡同学家属来就诊者，也免收诊费。这样做的目的，一是友谊之情，二是望为我宣传，借此可以扩大影响。

开诊后就诊人数也由少而多，少则两三人，多则十余人，这样，说实话生活费已不成问题，且还有多余。刚开诊时仍在汪伪统治时期，物价不稳，币值一日三变，早晚就悬殊不同，因此诊费就不收钞票，多用大米计算，有的人家没有大米，或鸡蛋或猪肉或鲜鱼等均可，总之钞票是绝对不能收的。实际上还是交大米的占绝大多数，所以自八月中秋至年底，收到的大米有五十石之多。当然，我也不能把大米囤积在那里，一般都将它变换成需用的物质。我那时已经二十三岁了，不能再寄宿在大伯父家，应该自立门户，建造住房，创建自己的小家了。于是我用家里原来拆迁旧房的材料，再买些新的建材，请了木工、瓦匠，经过一个多月的忙乎，一座四间茅屋的住宅便建成了。若以面积计算，四间房不少于一百二十平方米。小家建好后，我便把诊所迁至自己的家里。

有了自己的房子，我翌年即结婚了。古语云："男以女为室，女以男为家。"从这一意义讲，结了婚，才算真正成家。成家以后，我也像汤先生那样，上午门诊，下午出诊，如没有诊务，我就专心阅读医著和医案，学有所得便把所得记录下来。随着不断学习不断积累，我渐渐感到在诊治病证时虽不能说得心应手、运用自如，但至少不像初次接触病人时那样迷糊、不知从何处着手。若遇到疑难病，我常先从丁甘仁的一百十三方中选择平稳的处方，让病人服完一到两剂后再来复诊，并告慰病人一定会全心竭力医好他（她）的病。待病人走后，我立即查方书、看医案，进行探索研究。到病员第二次就诊时，我大多能胸有成竹，开出对证的方药，取得效果，我也因此赢得了病家的信任。

（五）治愈两例危重病人，名扬乡里

就这样，我结合临床实践不断探索、不断钻研，慢慢地也积累了自己的临床经验。正因为如此，我在诊治中也治愈了几例危重病例，由此医名鹊起，方圆十里，大多知道小孟医生的名声。至今记忆犹新的有两例危重病例。

一例是位姓姜的男子，三十多岁，结婚一年，在那年的夏天猝患病，起势凶猛，发高烧40度以上，神志昏糊，唇干舌焦，且不时惊厥。在发病时也请过当时比较有名的老先生黄彝鼎和蔡汝辑，但均未见效果。后来他的岳父请我为他诊治，他的岳父是我过去同学的父亲，因此比较熟悉。他岳父首先介绍发病的情况和治疗的经过，继而请求我一定要想方设法救救他，并说：

"你大胆地用药吧!死马当活马医,即使死了也不会怪罪于你。"于是我开了一剂大方:

生石膏 50g	生石决 30g	鲜生地 20g
玄参 15g	大麦冬 15g	生大黄 10g(后下)
金石斛 15g	川连 3g	石菖蒲 10g
炙远志 10g	鲜竹芯 30 支	

另加紫雪丹三瓶,每瓶1.5g,每服一瓶,凉开水送下,一日两次。并说若不见效,可继服安宫牛黄丸。同时又给他注射一支退热的针剂,还嘱咐不时饮用西瓜汁。

按照此方服完一剂后,晚上大便通下,身热已降,神志渐渐清楚了,至此大家松了一口气。再经过一周的治疗,便能下床走动,进食也渐渐增加,这一病案算告一段落。

再有一例,患者是一位四十多岁的农民,身热、咳嗽、胸痛、咳吐脓血,且腥臭难闻,饮食差,口渴欲饮。初步诊断,此病极似肺痈(即肺脓疡)。那时农村也没有医院,故无法透视检查,只能根据病人症状作诊断、用药。我当即开了七副大剂的千金苇茎汤,还加鱼腥草50g,并对其家人说:"他患的是肺痈,也就是肺部生了个脓疮，只有吃了药，把肺部脓液咳吐干净了，才会脱离危险。"方开好后，我又嘱他家寻觅治肺痈的偏方——陈芥菜卤（将腌芥菜卤汁取出后，另装在洁净的罐子里，埋在土中，少则一年，多则三年才有用）。结果还好，他的家人打听了几天真的找到了，于是又来问我如何服用。我告诉他，将腌芥菜卤置于洁净的碗内，再取豆腐浆一碗，煮沸后冲入芥菜卤，二者一比一，趁热服下，一天一次，可以连服三到五天。就这样服药一周后，患者咳吐脓血已止，就此渐渐恢复了正常。这类肺痈患者很少，在农村称它为"烂心肺"。有一种迷信的说法，说是做了见不得人的亏心事才生这种病，患了此病，大多是治不好的。而我能用一个多星期的时间治好这个病，大家都感到神奇。

新中国成立后,由个体走向集体

(一)参加联合诊所

常言道:"光阴似箭,日月如梭。"自我开业以后,一晃过了八个年头。进入1949年,中国大多数地方获得了解放,真是"一唱雄鸡天下白",亿万劳苦大众从水深火热般的生活中获得了新生。我作为一名医务工作者,属于自由职业者,一如既往地为老百姓看病。如此又过了两年,政府号召个体医生组织起来,走集体化道路,做医生的可以自由组合,成立联合诊所。我响应党的号召,沟通和其他三个个体医生组合成立了联合诊所,地址选在离家三里的双桥镇。双桥镇上有一家中药店——香山堂,我们的诊所就设在中药店空余的房室中。配置也比较简单,把各自家中原有的药物橱柜、桌子、椅子搬来,合并在一起,再请木工做一块牌子,写上"双桥镇联合诊所"。牌子做好,加以油漆,然后挂在药店大门边的圆柱上就算开业了。从此我便在联合诊所看病,也早出晚归地上下班。

(二)进医士进修班,学习西医学

1952年,卫生部个别领导对中医采取错误政策,说中医不科学,是封建医学,应当改造中医。在全国范围内受其影响者不少。这一年江苏省常熟县(当时我的居住地属常熟县管辖)卫生局举办了医士进修班,说实话当时我也不明白中医政策,对中医究竟是不是科学也弄不清,听见有进修班可以学习西医,我便报名争取这个进修的良机。

1952年的春季,我暂时离开联合诊所,到常熟县举办的医士进修班学习。学习的课程有解剖、生理、病理、诊断,一般内科病、药物、寄生虫等。这些课,现在看起来都是粗线条的,但在那时,这一切都让我觉得新鲜。记得第一堂是解剖课,讲课的是一位年轻的男老师。在开始上课前,还由两位男同志抬上来一个木箱,箱子里藏的是什么?大家都以惊异的目光注视着。只见那位老师站在黑板前,先在黑板上写下"石新生"三个字,然后对大家说:"这是我的名字。"而后又接着说,

"我们今天第一课讲的是解剖学,这门课内容很多,但是你们是进修班,时间短,总共只有半年时间,要系统地全面讲,时间不允许,只有择其要点讲。所谓'局部解剖',也就是从头颈部开始,再胸部、腹部、盆腔、四肢等,也可以说是解剖学大体。"说罢便戴上皮手套掀开大木箱,原来木箱内装的是大瓷缸。接着他掀开缸盖,当时便有刺鼻的气味扑面而来。他随手捞上一个头颅骨骨架,还有脑髓等,同时又拿出一幅彩色的挂图,挂图上写着"头面部局解图"。等把教具都端置好后,他便开始按实物和挂图讲解。我第一次接触这样的上课形式,感到很新颖,也很实在,当时心里不由觉得西医比中医强,内容实在,看得见,摸得着。下午接着上生理课,讲课的是位女老师,年纪也在二十岁左右,她在上课前也作了自我介绍,我因此得知她名叫徐千里。她的口才很好,讲得一口标准的普通话。一节课结束,大家都交口称赞,说她讲得条理清楚。总之,每位老师初次来讲过课后,同学们都会作出评价,谁讲得好,谁讲得一般等。

之后讲到内科病,老师从传染病开始作分类介绍,原来传染病大致有病毒性、立克次体病、细菌性、霉菌性等几种类型。这让我既感到闻所未闻的新鲜，又感到莫名其妙。及至讲到症状表现和治疗方法时，我才略有头绪。印象较深的一门课是寄生虫。老师讲寄生虫的传染途径，不仅带了标示清楚的挂图，还有实物标本，如蛔虫、姜片虫、绦虫等，至今我的脑海中还留有印象。就这样半年理论课结束，每门课都经过考试，总的说来我的成绩还不错，都在八十分以上。结业还拍了照。

（三）实习西医临床，对中医学产生动摇

接下来半年便是临床实习，实习时先要交进修班发的成绩单，其次便是单位介绍信。这"单位"当然不是联合诊所，而是区里成立的中医协会，我原先任中医协会副会长，所以这介绍信也不费周折。至七月中旬后，我便带了这两份资料去常熟县人民医院报到实习。实习的安排是先到急诊室，而后内科、外科。急诊室一个月，内科、外科各两个半月（八周）。说实话，对急诊我并不重视，因为我回去后并不到医院工作，急性病抢救挨不着，我觉得还是在内外科好好学习为好。县人民医院首先安排我在内科学习，先门诊、后病房。在实习前，内科医师先介绍诊视病人视、触、叩、听的诊法应用和要领等。在门诊见习两周后便进入病房实习。病房中的带教医师首先介绍我跟护士认识，然后要求我每日提前十分钟到，跟护士一起测量病员的体温、脉搏，结束后等待医生查房。拿着每个病员的病历，医师把所有病员检查完毕，把病情记录好，然后回到办公室，开好处方，交护士，这是一套查房的规定。经历过几次查房后，我也熟悉了这一套。之后待医生处理、护士发药完毕，我也抓住空隙和病员交谈，在征得病员同意后，我也照样作视、触、叩、听的检查，以得到实际的体会。就这样很快内科实习就结束了，我写了一份实习小结，交主任医师阅后签字。而后即进入外科实习，其安排程序和内科基本相同，不过内容是不同的。外科实习，首先要学会消毒、清洁皮肤和处理创口、包扎等一般技术性的内容，两周后就转入病房。病房中的常规，早上查房前和内科病房相同，病员则全部是外科，有创伤的，有痈疽的，有切开的，还有尚未切开的。等诊视结束，然后回到办公室，写好处理方法和内服的药物，便全由护士处理。外科病房的护士比内科的要忙，常言有"医生动动嘴，护士跑断腿"，这句话对外科护士来说真是恰如其分。经过一周的耳濡目染，外科病房的这一套我基本也熟谙于胸，于是主动向护士提出和她们共同处理,这样也可以减轻她们的工作量,得到她们同意后,我也如法操作。

在外科病房实习期间,有一个急诊病例的处理,我印象十分深刻,至今记忆犹新。一天已至深夜时分,正在睡梦中的我突然听到急促的敲门声,并听到有人在叫我的名字。我开门一看,原来是和我一起实习的同学。只听他急促地说:"快穿好衣服随我一起去看急性阑尾炎的手术,是蒋医师叫你一起去的,这是难得的机会。"走进急诊室,只见蒋医生和护士正忙着把病员扶上手术车快步送进手术室,手术室内无影灯亮如白昼,护士、麻醉师均是白大褂、口罩、消毒手套,主刀医生蒋医师更是一副严肃的表情,等待麻醉师进行麻醉(全麻)。约十分钟的光景,只见蒋医生拿起手术刀,先在患者腹部阑尾部划了一下,然后观察病员,见其毫无疼痛表情,便用目示意身旁护士,开始进行阑尾切除术。大约进行了四十分钟,手术完毕,医护人员把病员送进病房。

蒋医生也松了一口气,坐下休息片刻,然后向我们讲急性阑尾炎的诊断要领和主要症状。他说:"对这种病要早治,万一迟缓,阑尾会穿孔的,一旦穿孔,脓液流入腹腔，便要转为腹膜炎，那时就要进行剖腹治疗，危险性就大了，因此而死亡者亦不少。"我之所以深刻难忘，其一，蒋医师对带教有着高度负责的精神，深夜急诊手术，还不忘实习的学生；其二，对知识和技能毫不保守，倾囊相授，良好的医德医风，令人敬佩。

在外科实习结束后，我同样也写了小结，给主治医师签了字，至此半年的实习结束。实习结束，回到联合诊所，我们花了点钱，买了一副听诊器和一只台式血压计，对来诊的病员，也拿起听诊器听其心脏和肺部。

医士进修班半年的课堂教学和半年的实习，虽然都是初级的，但我脑子里却接受了好多西医的东西，对中医的看法也产生了变化，即半信半疑，有时还干脆不信，对"中医不科学"的说法大有默认之感，信心产生了动摇。

坚定了对中医的信念

（一）拨乱反正，县里举办中医进修班

回到联合诊所过了一年，因当时卫生部个别领导的错误卫生方针（他认为中医是旧医、封建医，因此要改造中医）受到中央的严厉批评，所以县里决定举办中医进修班，以全面提高中医的诊疗水平。由于我已经在医士进修班学习过了，不能再去中医班进修，诊所便派了另一位医生去进修，时间为六个月。那位医生学习结束回所后，介绍了学习班学习的概况，特别提起在学习班行将结束前举办了献验方的交流会，然后将这些验方集中编印成小册子，名曰《各科验方集》。我借来一看，发现并未分科分类，似乎杂乱无章，于是跟他说借用一周后交回。我从头到尾细看了一番，将它重新分科分类进行整理，并根据方药增加了每方的功用和用法，取名《各科验方集解》，印成单行本，用挂号信寄至县卫生局，并写信建议县卫生局将这本书印行发给全县的医务

工作者，以帮助医务工作者提高医疗水平等。由于我的这一举措和建议颇受县卫生局领导的重视，我的名字也就引起了局内同志的关注。

（二）再学习，参加江苏省中医进修

1955年，江苏省为了贯彻党中央的中医政策，决定建办江苏省中医进修学校，一个县分配两个学习名额。这对我来说是一个难得的机会，但名额太少，很难想象这个名额能轮到我的头上，因为全县中医有一千多名。哪知意想不到的却变成了事实，在县内推荐名额中就有我一个。我接到的推荐通知上注明要经过一次考试，一共有两个试题，一个是理论题，一个是应用题（方药的应用），但可以带参考书，相当于开卷考试。于是我带了有关的书籍，准时赴县城应试，考完交卷后，回家等候消息，说实话我也没有十分的把握。又过月余，中医学会送来了录取通知书。得知录取后，我真是忧喜参半。喜的是考试录取了，忧的是我要远出家门至南京学习，家中妻儿（孩子还小）需人照料，且离开诊所，经济收入肯定会受影响。虽上级规定，凡进修学习者，诊所每月要付给半个月的工资，每月有三十多元的补贴，学校不收学费，但每月要交九元五角的膳食费。

因而我犹豫了，但我家属却竭力支持，并表态一定会带好孩子，努力劳动，操持好家务。另外，岳父也鼓励我去学习。因此我就放心了。到了1955年秋，第二期学习班通知开学，我便整理了应用之物，一只行李箱，带着蚊帐被褥和日用品等到南京报到。当时进修学校的地址在夫子庙附近的朱雀桥畔，名曰"邀贵井"，地方不大，据说它原是某工厂的房屋。校舍房屋除两间作教室外，还有一个较大的厅堂，既作礼堂，也是食堂。学员住的是集体大宿舍。回忆当时情景，再看看现在的学校，一幢幢高楼大厦，尤其是仙林新校址，建筑规模的大气势是我难以想象的，对照之下，当时的简陋真是寒碜极了。

（三）系统学习中医经典，夯实中医基本功

再谈进修学校的教材，全部是中医书，计有《内经》《伤寒论》《金匮要略》《医学史》《中药》《方剂》《针灸》等。不过当时没有现成的教材，大多是现编的油印本。另有政治课，是毛主席著作的选读。

当时为我们讲课的教师都是省内甚至国内著名的中医学家，如时逸人讲《内经》，宋爱人讲《伤寒论》，叶橘泉讲《中药》，樊天徒讲《方剂》，孙宴如讲《针灸》，朱襄君讲《金匮要略》，周筱斋讲《医学史》，还有针灸老师李春熙，时人称他们为"南京八老"。

在开学的第一天，首先在礼堂集中，一、二班的学生都去，听政治报告。请来做报告的是江苏省卫生厅厅长吕炳奎，他报告的内容主要是讲中医政策和办中医进修学校的目的。首先讲中医的地位，毛主席在1954年就作过重要批示：中医药要很好地保护和发展。并指示卫生部门成立中医研究院。毛主席还说过：中国对世界有三大贡献，第一就是中医。吕厅长讲，我们中国的医学历史十分悠久，有丰富的内容，当然也有糟粕，中国人口能达到六亿（1953），这里面中医就有大部分功劳。西医是近代的，有好的东西，但什么都是舶来品，这是崇洋思想的影响。接着还讲了毛泽东请中医看病的小故事。

吕厅长又讲道："要知道学习中医，不仅是技术问题，更重要的是，中医学是中国文化的一部分，是我们老祖宗创造的灿烂文化的一部分。所以我们学习中医学，是继承发扬中国的传统文化。我们要有民族自尊心，不要崇洋。"最后他说："同学们，你们来到这里学习，不仅是学习中医的诊疗技术，还肩负着继承和发扬中医的重任。希望你们好好学习，在不久的将来都成为中医界的骨干，那样也就不辜负党中央的期望了。"讲完后他向大家挥手示意，同学们报以热烈的掌声。

吕炳奎厅长讲完后，校长由崑接着讲道："大家听了吕厅长的讲话，要好好领会他的讲话精神，要很好地消化。"大会结束后大家分组讨论，开学第一天就此度过。

（四）听"八老"讲课不感兴趣

接下来的日子，我们便按课程表正式开始学习业务。哪知听课两周后，同学们都不满意。原因有二：一是讲课的所有老师都不懂什么教学法，只是照本宣读，先念一段原文，再释原文，而解释原文又大多引以前名医的解释（即以经解经）。这种讲法，不仅原文没弄清楚，还增加了新困惑，因为有的注释文字也很深奥，同样不易理解。其二是这些老师讲的不是普通话而是方言，有的还是土方言。如宋爱人、叶橘泉是苏州人，周小斋、孙宴如是南通人，时逸人是南京人，樊天徒是扬州人，李春熙是高淳人。试想今天听南通土方言，明天又是苏州方言，后天又换一个别的方言，如此轮番上课，同学们对这些五花八门的土方言毫无适应的可能。

故而听课两周，实话说受益者很少。于是便推了几位代表向校长汇报、反映情况。由崑校长听后说："你们回去向同学们说，下周我也去听课，然后再作安排。"下周上课时，由校长同教务室的冯展和办公室文书徐维忠一起到课堂听课。一连听了三天，而后又召集班长、组长开会。由校长说道："这几天我参加听课后觉得大家反映的情况属实，这些老先生不懂教学法，情有可原。你们既有意见，目前再请能讲的老师也非易事，再说你们这些学员也不同于一般的学生，大家能否来一个'能者为师'，像我们部队里那样'官兵互教'，大家能否试一试？"

（五）能者为师，学习教学法

当时全省来的同学年龄悬殊颇大，大的近五十岁，年轻的才二十出头，像我这样三十挂零的是大多数。我当时还排不上号，再说也不敢上。按照由校长的建议，先在第一期的学习班里挑选两名同学当学生老师。在没有开始讲课之前，校长又专门请了南京师范学院的一位中文教授来讲教学法和上课的基本要求。

第一，上课要讲究艺术，不能平铺直叙，要引人入胜。中文教授介绍了上课的一些具体方法和要求，比如要搜集与本课题有关的资料，且内容要丰富，凡与课题有关的都要准备。中文教授说，这好比生活中常说的一桶水与一升水的关系，也就是假设要讲的真正内容只需一升，而老师准备的内容却要有一桶，要做好听课者提问与本课题有关问题的准备。

第二，要突出重点，要把重点内容归纳为一个概括性的标题。

第三，对疑难处要进行交待。

中文教授还讲了板书的书写。板书时一块黑板要分开使用，一半写课题中的重点内容，层次要分清，不能随写随擦，这样才便于学生做笔记；另一半写课题中名词术语的解释，书写多了可以擦掉。这样一堂课讲完后，保留下来的那一半板书令人一看层次清晰，主次分明。

接着讲了上课时间的掌握。每节课规定在45分钟或50分钟，到时必须下课，不能拖堂，拖堂是最不受同学欢迎的。

中文教授又给我们讲了讲课结束前如何将本节内容进行小结，以及其他一些我们必须掌握的内容；并交待，对于疑难无定论的东西，不能去钻牛角尖。

最后，中文教授围绕重点内容出了有关思考题。

讲课结束时，中文教授又提醒大家，上新课前一定要用简洁的语言复习旧课。另外关于如何备课，教授还教我们如何搜集资料，即做卡片。他讲：人的脑子虽具有记忆功能，但由于知识的面很广，你要看一遍就能记在脑子里，即所谓"过目不忘"，这是不可能的。所以我们看到与本学科有关的内容和资料时，就用卡片记下来，且标明出处。记笔记不如做卡片好，资料积累多了，做卡片便于分门别类，且查看方便，最好有卡片箱。中文教授的这一方法很好，所以我在任教期间从未间断做卡片，后来把临床中的有关资料也做成了卡片。

由崑校长听完了中文教授对教学的具体要求，一方面对教授表示感谢，另一方面也对全体听讲者进行了交代。他随即令挑选出的两名学生老师（一位讲医史，一位讲方剂）先行准备，再进行试讲，而后正式上课。结果，同学们听了还比较满意。

（六）兵教兵，一炮打响

由于学生互教初试成功，学校便令全面展开，更明确地告诉大家，学生互教既作为学习的方法，也作为成绩考核的一个方面。从此以后，所有课程的讲课任务都由挑选出的学员分担，原来讲各课的老教师不参加课堂上课，只担任各课程的指导老师，负责各课中疑难问题的解答。学校宣布这一决定后，便在两班同学中进行动员，并在同学中挑选各课程的教师，挑选办法是提名推荐和自报。经过一番酝酿和考虑，结果在两个班内选出21名学生教员，我也在其中。而后由各人自己选择任教的课目，我选择了《内经》。各人落实了课程，教务科同志传达了校长的指示，说各人自定讲授的课目后，准备两个课时的内容，备课结束后，分别试讲。试讲时听课的人员有校领导、教务科同志、各课指导老教师及班组长等。各课的试讲也由教务科排了一个日程表。我自选《内经》的内容，是有关摄生（养生）的。在备课时，我按照南京师范学院中文教授所讲的备课要求备好课，先自己试讲，把要板书的内容在讲稿上划上红线。在试讲时并看手表，以保证能按时下课。与此同时，我经常听广播学习普通话，我的普通话虽不标准，但比用方言要强。由于我事前做了充分的准备，所以试讲应该是成功的。讲完后，得到了领导和听课者的普遍肯定，也算是一炮打响。待所有试讲者全部讲完，再经听课者一番评论，最后确定了12名学生讲课，我也在其中。再经过讨论，对讲课的内容作了明确分工。自此所有课程任务就全部落在了这 12 位学生的身上。就这样一直到学习结束。

结业时，我由于学习和教学认真，被评为优秀生，并初步确定留校工作。

由一名乡村医生转为中医教师

(一)进修结业,留校当教师

就在我结业并决定留校一个月后,校方接到江苏省卫生厅转来的常熟县的通知,要我回县里任乐余中心卫生院院长(因当时学习有个规定,学习后必须回原地工作)。我当时一心想留在学校继续深造,可是卫生厅一再催促并找我去谈话,并说这是组织的决定、工作的需要,而且我是县内保送进修的,一定要返回县里。胳膊拧不过大腿,我无奈只好回校向由校长作了汇报。校长听后沉思片刻,反问我一句:"留你在校你愿意吗?可工资不高。"我说:"愿意,工资高低不计较。"他听后满意地笑了:"既然你表了这个态,就放心留下吧,厅里由我去回话。"我因此就留下了。

1957年,学校由"江苏省中医进修学校"正式改名为"江苏省中医学校",继续办进修班。同时还受国家卫生部委托,举办一个全国各省、市的师资研究班,为开办中医学院做师资的准备。为了适应这个形势的需要，学校从第一、第二期的学生中共计留下三十余人作师资和办事人员，并成立了两大教研室，各教研室再分若干教研小组。我被分配到内经教研室，担任"内经"课教师，从此《内经》教学便成为我终身的事业。其时党中央正大力贯彻中医政策，全国范围内形成了学习中医的热潮。全国各省、市纷纷创建中医学校，少数地区则在筹备创建中医学院（当时全国只有北京、上海、成都、广州四地在创建中医学院）。这是从古未有的新鲜事物，各地都没有经验，而南京却有创建中医学校的经验，在全国可谓先行一步，故而全国正在创建中医学校包括中医学院的参观学习者纷至沓来。来参观者，首先看编写的教材，二是参观现场教学。凡前来参观者，对我的介绍都有较好的评价，一是因"内经"这门课是比较难讲好的，二是因我口齿比较清楚，能讲一口虽不够标准但大家都能听懂的普通话。与我同时示范现场教学者还有讲温病的孟澍江。可能就因为这一原因，全国各中医院校的教师很早就知道南京中医学院有"二孟"。

（二）开动脑筋，艰辛度日

当时我留校任教的工资为75.9元，在留校同学中属于中等。这一工资的价值，若以当时的物价计，相当于现在的2000元左右。当时的膳食费每月9元，大米0.14元1斤，鸡蛋0.5元1斤，猪肉0.7元1斤，理发0.3元。我把一个月的工资都精打细算地使用。因为家庭负担较重，每月寄回家用50元。1963年9月起还要每月寄12元给当时在苏州中学读书的次子作膳食费和零花钱。个人留下12元多，这12元当然是不够的。但那时为学校编写教材，我要把上课的讲稿再加上收集的有关资料编写成《内经教学参考资料》交给江苏科学技术出版社……诸如此类的工作是做不完的，因此除了白天上课外，每晚都要加班，不是抄就是写，每晚都要工作至12点，甚至更迟一点。校领导鉴于我这样工作比较辛苦，所以一个月发9元钱给我作为晚餐费。其时阳春面0.1元1碗，大馒头0.05元1个，大肉包0.1元1个，所以每晚大多花0.1元就能把肚子填饱了，这样每个月就可结余6元，作生活上的零花钱。但其时家中的开销还是不少的，有5个孩子都在上学，有小学，有初中，有高中，还有我的小舅子朱希廷从小学到初中一直在我家，除学杂费他自交外，一年到头都吃住在我家，而以当时我的家庭成分——小土地出租，孩子们的学费一点也不能减免,所以每月寄50元,家里的经济还是很拮据的。

怎么办?只有自己动脑筋、想办法。想来想去,办法只有一个,就是向杂志投稿。当时正在大力宣传中医政策,各地方结合这一形势都在创办中医药杂志,当时较有权威性的有北京、上海和江苏的几种杂志。于是我常借阅这些杂志,了解其内容,掌握其特色,琢磨哪些文章发表的可能性较大,经过较长时间的阅读,我觉得有三类文稿发表的概率较高:一是争鸣性的文章。因文艺界正在兴起百花齐放、百家争鸣,所以凡写争鸣性的文章发表的机会多而且快。二是中医教学法经验介绍类的文章。当时中医教学才刚刚起步,只要言之成理的也容易被录用。三是临床经验介绍类的文章。我再三琢磨,觉得前者可以一试,所以选了争鸣性的,且争鸣的对象是当时较有名的上海名中医姜春华。他在《上海中医杂志》上发表了一篇题名为"半夏生用真会使人失音吗?"的文章,重点是说明半夏应该生用。我就看准了半夏应用生熟的实际情况,撰文阐述历来医家所用半夏,并非真正的挖出来就用,且用时大多有生姜配伍等,文章很快在《上海中医杂志》上发表了。时在

1956年，并收到稿费20元。那时北京、上海的稿费都是千字10元，江苏是8元。我初试成功，于是接连又写了几篇关于《内经》教学经验的介绍，也大多被录用了。我所得稿费多数寄回家用，以弥补不足。

另外还有一个经济来源便是编书。那时编著都不署个人名字，只署单位名称，也无稿费给个人。但书送到单位时，校领导会发30～50元作为年终奖。比如有一次教研组编著一本《难经译释》，由上海科技出版社出版，发行后颇得好评，在年终时学校一次性奖给90元。

再一个经济来源就是出差开会的补贴费，一年中也有三四次。最多的是在1962年，由卫生部直接领导编著全国统一教材，即所说的"二版教材"，全国各中医学院挑选写作水平较好的老师参与编写，我也参加了。但当时我是"小"字辈的，可以说是学习为主。先集中在江西南昌写作，后因夏季天气炎热（那时还没有空调设备），卫生部郭子化副部长便向大家宣布到避暑圣地庐山继续写作。我们在那里一住两个月，什么费都不要交，还有点补贴，所以两个多月也多了30多元的收入，这对我来说不无小补。这几年就这样渡过了难关。

（三）给留学生读讲《内经》

我在这一时期除了教进修班学员和本科生外，还有朝鲜和苏联派来学习中医的学生，他们都要学习《内经》原著，因此只能采用读讲法，就是先读一段原文，再讲解原文的意义和临床如何应用。有时学校领导还要我陪同接待外宾，因此我的衣服也不能穿得寒碜，于是也做了一身银灰色卡其布的中山装，作为接待外宾的礼服。但到了夏天怎么办呢？我便到夫子庙的旧货摊看看有无合适的旧衣服作为夏衣。有一次看到有一件宽大的长衫，料子很好，且有七八分新，只是一边袖口有个小洞，好在我不是买回来就穿的，而是想把它改制成西装裤和短袖上装，这件挺适合。我买下后拿到裁衣铺给裁缝老师傅说明了想法，老师傅加工后再用熨斗一熨，居然笔挺如新，改制费花了 1.5 元。夏天一般还要穿凉皮鞋，我也无钱购买，怎么办？还得动动脑筋。巧得很，有一次我去倒垃圾，那是一个大垃圾房，里面杂七杂八什么都有，我发现其中有一双黄色皮鞋，心中一动，想：何不取出来加工改制一下？这一想法要是在现在可能要被笑掉大牙，其实此一时彼一时也，那时是以艰苦朴素、勤俭节约为荣的，所以我大大方方拿回宿舍问同宿舍的同学:"此双不花钱的皮鞋如何?"他们看了看都说不错,并开玩笑地说下次去倒垃圾也碰碰运气。到了星期天,我便到街头巷口内找到修鞋匠,拿着那双皮鞋向他说明改制的要求。他拿起来,反复看了几次说:"改制可以,但加工费要1.2元,你舍得吗?"我说:"只要改制得体,1.2元没问题。"我想:这不等于花1.2元买了双凉皮鞋吗?他说:"三天后来取。"过了三天我去取鞋,果然已经改制好了,并为它擦了鞋油,乍一看俨然一双新鞋。拿回后,我把它当新鞋一样珍惜,把它放在一个纸匣内,平时很少穿它。这一身改制的服装和一双皮鞋,我足足穿了六年多,且常穿着接待外宾。

(四)进修学校升格为中医学院

到了1958年,学校为适应中医发展的形势需要,经国务院批准,正式升格为南京中医学院,一下由中专学校改为大学,我便成了大学里的教师。想想自己本是初中还没毕业的人,一下子成了大学里的教师,真是做梦也不会想到的,高兴的心情真是难以形容,大有一登龙门、身价百倍的感觉。到了1958年的秋季,学院正式招收六年制的本科生和调干生。在这时又是愁云卷上心头。一是这些从高中来的学生和调干生都没有医学知识，要他们听懂医学，尤其听懂中医，并产生学习兴趣，是个难度很大的事情；二是这些学生中不少是共青团员、共产党员，而我什么都不是，未免产生自卑心理。在后来的工作生活中，我体会到了党员的魅力和入党的重要，于是我暗暗下决心，争取入党。

（五）光荣入党，晋升讲师

首先多接触教师中的党员，了解入党的有关事宜。有一天，我壮了胆，一个人在宿舍内写了要求入党的报告。那时党支部书记是校党委办公室主任。我找了一个机会，把报告先呈给了他。他含笑地收了报告，看了一眼收下了，放在办公桌的抽屉里，并没多说话，只说了一句："欢迎你。"过了一个多月没有动静，我心想：大概没有指望了。又过了不多时，党支部把写过入党报告的同志组织起来办了个党章学习小组，并通知我参加学习。学习结束时，党支部书记讲了入党的条件和要求等。自从参加这次学习后，我的胸中又燃起了希望的火焰。故在学习后的几天，我写了思想汇报，之后每隔两周写一次。后来的某一天，支部书记和组织委员一起找我谈话，书记说家庭和出身是不能选择的，但革命的道路是完全可以选择的,并举了革命老前辈周恩来总理的例子。最后,他们说,党的大门永远是敞开的。这一次的谈话使我既深受教育,又备受鼓舞。于是更加严格要求自己,凡领导布置的任务,不怕苦、不怕累,总是不折不扣地去完成;且一个月写一大篇工作思想汇报。如是经过一年多,我的愿望终于实现了,经支部大会通过,我正式成为预备党员,一年后如期转正。自此我的任务更重了:党内为支委,年级内当了班主任,既要上课,又要管理学生。但是尽管忙,我仍劲头十足,感到这是组织对我的信任。1961年,我又担任内经教研组副组长,兼负责教学考查工作。

1962年,学院开展评教学职称工作,当时学院内中壮年教师已有200余名,最后评出了4名讲师,我是其中之一。其时还没有开始评教授,故在当时能评上讲师很光彩,其他教师和学生对我们颇有刮目相看之感。

(六)到昆山参加"四清"运动

到了1965年,按照上级要求,我们学院由一位副院长带队,组织部分教师和学生到苏州地区昆山县陈墓公社开展工作,我被分配到昆山县陈墓公社的上塘大队(相当于一个村),并被任命为工作大队大队长,配书记、秘书各一名，学生20人。工作队员分配到各生产小队，与当地农民同吃同住。那时的昆山县与现在不同，是个穷县，农民生活很艰苦，夜晚睡觉很少点灯。夏天蚊虫成群，虽有蚊帐，亦是破旧的。厕所就是一个露天的大粪坑，大便就是蹲在粪坑边，真是提心吊胆，有时大便下去，粪水冲得满屁股都是，所以上厕所简直是过难关，非到急不可耐时不去大便。如是在该地度过了半年，"文化大革命"开始了，我们就离开了昆山县陈墓公社，返回南京。

"文化大革命"，一切都在改造

（一）遭批斗，下放白马湖农场

1966年，"文化大革命"开始。搞不多时，院长、副院长和人事科长被打成了学院的"三家村"，戴了高帽子挂着牌子游街。又有学院内的老教师被说成是"反动学术权威"，不时被批斗，并关禁闭，住进"牛棚"进行劳改。我当时初任党支部书记，也被"造反派"批斗了数次，还被开除了党籍。其时学校宣布停课"闹革命"，我因无人问津，自然而然成了逍遥派，乐得看看书，学习一些业务知识。一晃到了1968年，省里成立了"革命委员会"，省以下各单位也成立了相应的组织。学校也成立"革命委员会"，组织教师和学生接受贫下中农再教育。我校的再教育地点是苏北白马湖农场。过了将近一年的时间，省里下达了文件，通知学校复课，边上课、边批判。

(二)"复课闹革命",去医院上门诊

我虽回到学校,但还没有资格上课,没事干,便到省中医院去上门诊。那时医院的不少名老中医都成了"牛鬼蛇神",被分派去扫厕所、打扫卫生,完了再接受批斗。因此我去参加门诊,颇受欢迎。其时学院刚好有毕业班学生实习,我被安排为带教导师,为了工作需要,还要带学生到南京市中医院实习。就这样我带了将近两年的实习生,说实话这两年不到的临床带教,确实使我收获了不少新经验,临床技能得以提高一大步,可以说是因祸得福。

(三)中、西医合并办学,组建江苏新医学院

转眼到了1970年,学校又有了新的变化。当时医学上强调中西结合,根据上级指示,中、西两个医学院(南京中医学院和南京医学院)合并,改名为"江苏新医学院",全院成立两个大系,即中医系、医疗系。但其时省内是"军管"时期,强调学生也应军事化,学生分别建立连队,再有中队和大队的组织。我当时担任连长,也配了一名支部书记共同管理学生。一个年级有学生50名。但那时学生的文化水平及年龄悬殊很大,有初中生,也有少数是高中生,文化水平最低的连小学都

未毕业，大字不识几个，年龄小的十七八岁，最大的将近五十岁。原来的基础也不同，多数是不懂医的，也有"赤脚医生"，且在当地颇有点小名气，有搞草药的，也有搞针灸的。在当时他们被称为"工农兵大学生"。他们不只是来上学，还有管理大学的权力。他们既可管上课，也可管学校的事务，也就是当时提出的"工农兵管理学校"。在这样的形势下，要想把课程教好，把工作管理好，确实有一定的难度。因这些学生是一年制，学习的内容是以针灸、草药为主。当时的口号是"一根针""一把草"，上山采药，强调单方、验方的功效，当然这样做也有实践性强的优点，所以学习一年后也是有点收获的。当时还要进行一次"开门办学"，所有师生都要步行，我们的目的地是江阴。一路上自己买菜、自己煮饭，这一过程就是军事化、军训。

如此到 1972 年，经过总结，上级主管部门感到这样办学学生难以成才，与"大学"名称不符，就把学制改为三年制，招生对象的文化水平也要求相当，三年制办了三期，这些工农兵大学生毕业后，成绩好的也有少数留校当老师。后来又招五年制学生，这些学生比三年制学生的基本功更扎实些。

合久必分，恢复南京中医学院

（一）正规办学，招收本科生

到了1978年，打倒"四人帮"以后，全国各领域拨乱反正，逐步走上正轨。而中医要发展，根本问题是人才。实践告诉我们，中西医结合办学只会削弱中医，不利于中医学的发展，于是上级决定分开办学，我校恢复南京中医学院的名称，内设三大系科，即中医系、中药系、针灸（含推拿）系，招收五年制学生，生源必须是高中毕业生（以前的高中毕业生也可参加考试，称为"老三届"），同时开办首届研究生班。我当时是中医系主任，肩负行政、教学工作；同时也是首届研究生导师，其时我已评上副教授。工作十分繁忙，平时忙于会务和系内工作，到了学生见习和实习时，便带了干事和年级主任奔走于大江南北各市、各县的中医院，联系落实实习任务，所以我与各中医院的院长和医生都比较熟悉。其时还要编写教材，只能大部分利用星期天和晚上编写，说得夸张一点，真可谓是见缝插针、分秒必争。到了1984年，中医系改名为基础部，我又成为基础部主任，摊子更大了，所有中西医教研组和外语教学等都由基础部管。当然，基础部行政管理人员也相应增加了不少，如增加副主任两名，增设总支书记、支部书记和干事等。当时中西医18个教研室，人员有200个左右。摊子大，人员多，事务也多了。特别是逢到评职称、分房子时，麻烦的事更多，既要参加各种会议，又有分房子不满、评职称不满的找上门来……常言道："无官一身轻。"我虽不是什么官，对此却颇有体会。其时我已评为正高，退休后学校要我再干一年，没办法，我只好硬着头皮又干了一年。之后总算同意我办了退休，也发了"光荣退休"证书。从此，我卸下行政职务，摆脱了会务和烦琐的杂事。但有一条，我还有两名研究生未毕业，还有两本教材未完稿，院领导要返聘我三年，为学校再做贡献。

（二）增设新学科，筹建中医养生康复专业

接着学校要扩建一个新专业——养生康复专业。但在建专业前首先要调研论证，听取有关单位（疗养院和干休所）的意见并了解社会的需求，学院领导开会决定由我负责此项工作。我首先组织了两个调研组，调研地点分苏南和苏北，确定调研单位，拟调研提纲，然后确定时间，分头出发。整个调研工作历时三个月，两组集中调研情况，然后综合分析，写调研报告，向院领导汇报。这项工作暂先告一段落。

再说这个养生康复专业，全国申请建这个专业的学院不只我们一家，北京、天津、浙江、湖北等省市的多所中医学院都在争取建立这一新专业。为此各有关学院曾多次集合，由卫生部、教育部主持论证，我和院领导、教务科的同志曾先后到杭州、哈尔滨、天津、北京等地参会论证。论证最后确定我院和北京中医学院创办养生康复专业。之后，学校就组织筹建班子，成立养生康复专业组，确定张贤媛老师为组长，再由她推荐人员组成专业组成员。其间，学校任命我当顾问，同时要我组织编写一本该专业的主干教材——《中医养生康复学概论》，由我任主编，孙桐、葛琦为副主编（葛琦是天津中医学院教师），再组织编写人员。在编写人员中，除葛琦外，余者均是本院的教师。1989年在南京召开编审会议，提出了修改意见，全面修改后，于1990年再次审定，又作了一次细节的修改后，正式定稿，交上海科学技术出版社，于1992年10月出版发行。

《中医养生康复学概论》不仅是中医养生康复专业的主干教材，同时也是中医药院校开设中医养生康复学选修课的教材。《中医养生康复学概论》出版时，我所带的研究生也毕业了。其时我已年近古稀，从此可以真正开始退休生活了，我可以选择我乐意的工作，我的教学工作从此画上了一个圆满的句号。

以上所述是我上学、跟师学医、到中医进修学校进修再留校任教这一段的个人经历，记述的都是较重要的事实，但均是粗线条，其中有些重要的事实未加详细介绍，也有的在前文中讲述过，前后不能衔接，如1989年的出国讲学便是一例，所以还有些值得回忆的事实，在下面分五个专题作详细的叙述。

临床、教学两不误

临床实践重要，这是中医工作者公认的，所以自古就有"熟读王叔和，不如临症多"之说。还有一句话叫："读书三年，不如抄方一年。"说法虽不同，但其精神实质是完全一致的，说明实践的重要性。南宋爱国诗人陆游在其训子诗中也吟道："纸上得来终觉浅，绝知此事要躬行。"

临床实践如此重要，但我有较长一段时间脱离临床。这一时期即自1955年进江苏省中医进修学校学习、留校任教至1966年"文化大革命"，整整11年之久。是否我这段时期不想上临床？非也，乃系各类教学任务繁重，可以说是身不由己。

（一）上门诊，带教实习

我真正接触临床还是在"文化大革命"期间。当时学校停课"闹革命"，我被批斗，还被开除了党籍，成为逍遥派。直至1968年，上面下发了复课的通知，边批判、边上课，当时我虽在学校，但没有资格上课，便自找活干，到省中医院去上门诊。由于我是初次到省中医院，于是便找到门诊部办公室主任，而后自我介绍，并说明来意。他听后，沉思片刻，表示同意并安排我在20诊室，于是我便按时去门诊上班。但由于我从未去过省中医院上门诊，所以基本没有病员来求诊，可以说我在门诊等于坐冷板凳。没办法，便带了一本《四家医案》去，没病号时就看书。后来感觉老是这样也不是事，想了想，决定还是找门诊部办公室主任说明上门诊数日的情况。他想了想说："你初来乍到，这种情况难免。不如这样吧，我吩咐门诊部护士上班后主动分几个病员给你，不过你得认认真真地诊治，等诊治病号见到效果后，病员便会自动找你就诊的。"我觉得这办法不错，便道谢告辞。

试行两周后，果然有病员主动找我诊治了，就这样病员渐渐多了起来，由三四号到七八号，也有十余号的。这病号渐渐多的另一个原因就是，当时院内有名的老中医都被打成了"牛鬼蛇神"，去扫厕所，搞卫生，还要挂牌子，挨批斗，病员也不敢去找他们。半年后，病员日渐增多，每半天由十多号渐至二十号左右。转眼到了1969年，学校复课的学生，有的年级已到实习阶段，那时实习生大多是分在省中医院和市中医院，由于其时医院中的名中医尚未"解放"，于是带教任务就分配落实给了中年医生。医院也派我参加带教，这对我来说还真是大姑娘上花轿——头一回，我有点心虚。医院门诊办公室主任看出了我的心思，便对我说："不必害怕，常言道'压力可以变动力'，且你还可以边带教边学习提高。"我想想这话有道理，说不定我带教取得成绩后，还可以重返教学岗位。于是我便说："试试看，我当尽力而为。"过了一星期后，在星期一上午，医院办公室主任带着两个学生来报到，说是前来实习的，时间是两个月，他嘱咐了学生几句便走了。我起身送走了主任，返回诊室坐下，同时也让两名学生坐下，然后讲了关于实习的重要性，讲了实习的要求："第一，实习开始是抄方，但所谓抄方，并不就是抄一个处方，而是要将病案全部抄下，包括年月日、姓名、性别、职业等；第二，要将每个病案的诊次进行衔接，以便今后总结；第三，要写实习体会，体会的内容可写辨证的要点或用药的配伍等。这样日积月累，才会有收获。"同学们听后频频点头，实习就这样开始了。在为期两个月的带教期间，我在诊余也会给实习学生讲讲诊断辨证的方法，处方中配伍的要求和用药的配伍及剂量等，实习学生还比较满意。

又过了两周，学校又有学生到市中医院去实习，计20名同学，要10位带教老师。南京市中医院由于规模不大，带教老师人员不够，便和学院商量，缺少的带教人员由学校派教师担任。于是学校派人去省中医院商定，调我前往市中医院。省中医院医师多，所以就同意了。

我拿了学校的介绍信，先找到市中医院门诊部负责人，向他说明来意后，对方就将我安排到门诊的第九诊室，第二天就正式报到上班。由于南京市中医院房屋比较紧张，实习学生便住在学校，早晚来回赶公交车。我也不例外，也得挤公交车来回。

（二）带实习，经受考验

我还是第一次到南京市中医院坐门诊。开始几天，真可谓门可罗雀，再一次坐了冷板凳。如此情况，真让人有点泄气了。无奈之际，暂时解决的办法，一是叫学生带点书籍来，无病人时我可以学习；二是我带本医案（《丁甘仁医案》）和实习学生一起进行病案分析，如此来打发时间。我还找到门诊办公室负责人，讲明几天来门诊的情况，同时介绍了省中医院由护士分派病员的办法，问他能否做做病员的思想工作，用指定就诊的办法。他听后表示可以试试看。首先选择门诊医师病号较多且是初诊的患者做工作，并说明推荐的医生是从省中医院新调来的。经过这样的说服工作，果然有一到两个初诊病号转来就诊。我当然热诚接待，细致地望闻问切，写好病历，由学生抄好处方，然后再交代服药方法和平时注意事项等。这样诊毕一个病号得三十分钟左右，病员颇为满意地离开了。就这样试行了两周后，病号渐有增加，学生也渐渐安下心来。

有一次，一个病员在诊治的过程中问道："听某某医生讲，你是南京中医学院的老师？"话里听音，他的意思是说："你是个教书匠，不会看病的，也来凑热闹。"我听了这话，心中真不是滋味，心想：不错，我现在是教书匠，可是我未进中医学院前也是医生，且是一方小有名气的医生。再一想：不去管他，能不能看病当由事实说话。我把这句奚落的话语作为动力，加倍在临床方面下功夫，并牢记张仲景的"勤求古训，博采众方"教导，一方面复习经典医著，一方面留心治疗中的单方、验方，如有所得，即笔录手册，以资临床试用，由此积累了不少单方、验方，试之有效者，一直应用至今。

时间过得很快，两个月过去，实习生的实习即将结束，医院为了给实习工作做一总结，便择日开一座谈会，同时也是带教工作交流会。那天也邀我参加。座谈会开始了，负责安排实习的医教科同志主持会议，先是院长讲话，而后由带教的医师发言，他们大多谈的是经验体会和存在的问题等。最后院长名点要我发言，我推辞不过，只好讲几句。首先作了自我介绍，讲了这次实习的经历，并围绕教书匠、医生谈了体会，总结出一条经验：在战争中学习战争，坚持就是胜利。我表示一定将这次一年多的带教作为今后上临床的起步。

说实话，经过这一阶段的带教，我对临床工作产生了浓厚兴趣，感觉到当教师一定要上临床，只有上临床，才能把理论讲好。从此我暗下决心：今后的日子里，无论教务工作多忙，都一定不能脱离临床，一周之内即使只临床一次，也不能断，这叫作"长流水，不断线"，虽不能系统总结，也能起到练兵的作用。其间除了开门办学——行军时停止，或生病卧床休息外，可以说从未脱离临床。

培养研究生

（一）开设研究生班

1978年，我所在的学校和全国其他院校一样，开始评教授（副教授）。由于我在学校是最早评上讲师的（当年号称"学院四大讲师"的有：丁光迪、许济群、孟澍江、孟景春），所以这次评副教授，可以说是顺理成章的事。接着学院就考虑着手招收研究生，4名副教授也就理所当然地当上了研究生的指导老师。中医学院招收研究生也是破天荒第一次，没有经验。故经院领导研究决定，先招收20名研究生，每名指导老师指导一到两名。先行报名考试，初试及格，再行面试，结果20名全部被录取。这种教育形式名曰"研究生班"。

这20名研究生是：项平、顾武军、林真寿、吴以岭、杨进、徐利华、黄煌、陈文恺、金实、江杨清、周光、熊宁宁、李道舫、金季玲、经捷、汪受传、李玉堂、张载义、赵耕先、梅晓云。开始是统一听课，先讲四大经典，而后再重点讲诊断、中药、方剂、内科学等。这些课程讲完后，学院给20名研究生分别指定指导教师，其中半数分配给各教研室主任。这20名研究生的专业分别是：项平《内经》，梅晓云《中基》，顾武军和林真寿《伤寒》，吴以岭《金匮》，杨进和周光《温病》，徐利华《方剂》，黄煌《各家学说》，赵耕先《中药》，陈文恺、金实、江杨清均为内科专业，熊宁宁为肾病专业，金季玲为妇科专业，李道舫为外科专业，经捷、汪受传为儿科专业，李玉堂、张载义为针灸专业。以上专业的指导老师均由省中医院内外各科室主任担任，他们都是一流的科室主任，如邹云翔（肾科），徐景藩、张泽生（内科），江育仁（儿科）。

对南京中医学院而言，招收研究生可以说是开创性的，所以老师们对研究生的指导都十分认真，研究生们也因为自己是首批研究生而觉得很光荣，学习非常勤奋，故而他们学习结束时都取得了良好的成绩，分配到医院或其他单位后都成为当地各科室的骨干和有名的中医师。其中还有几位佼佼者，如吴以岭，现已被评为中国工程院院士，开创了以岭药业集团，研制通心络胶囊，在中医理论方面提出中医络病理论，在国内外均有一定的影响。再如汪受传，现是国家级重点学科中医儿科学科带头人，并被评为全国模范教师、全国先进教育工作者，还获得了教育部授予的"国家级教学名师"称号。再有杨进，他从事温病学研究，编著出版《新编温病学》等专业著作计68部，培养了28名博士、36名硕士，主讲的温病学2003年被教育部评为首批国家级精品课程，曾获"全国优秀教师"、教育部首批"国家级教学名师"称号。还有江杨清，初在南京是徐景藩的研究生，继而深造，考取北京中医学院董建华的博士生，毕业后赴荷兰创建中医诊所，医名颇著，兼开中药房；数年后，回至张家港市港区镇创建一所医院，名"广和医院"，以造福桑梓；2012年，主编出版巨著《中西医结合临床内科学》，计1664万字。还有黄煌，研究生毕业后继续赴日本深造，对张仲景《伤寒论》《金匮要略》研究颇深，对经方研究孜孜不息，成为现代的经方派，并有多部研究经方的著作出版，如《张仲景药证50味》和《医案助读》等。

南京中医学院举办的首届研究生班可谓一炮打响，他们在毕业时曾印行毕业论文集，在印行之前，曾请邹云翔教授撰写序言，其全文移录于下（略有改动）：

一九七九年九月，我们中医学院招收了中医药基础和内、妇、儿、外科、针灸等二十名研究生，于今一九八二年七月毕业，举行了论文答辩。我细阅了二十篇论文，每个研究生都根据自己在各科部门学习的实际情况，写出了自己的体会及工作进程方向。由于他们在三年中刻苦钻研理论，结合实际，融化理解，深入浅出，举一反三，触类旁通，各篇论文有它自己的成就，我们觉得有所欣慰。但这些成就是初步的，如要达到精深宏博的境地，尚有一段距离。胡耀邦总书记曾讲过：研究科学，好比登泰山，已经到了中天门，前面还有一段要费很大气力的路，三个十八盘，要爬过这一段路，才能达到南天门，再往前，就可以顺利地向着最高峰玉皇顶挺进了。这个比喻是恰当的。希望二十位研究生今后还要鼓足勇气，披荆斩棘，攻克难关，百尺竿头，更上一层。附以韵语五古一首，以致深远之意云。

　　医学入门易，高深诚是难。

　　汗牛书满栋，领会须静看。

　　譬如登泰岱，尚未到顶端。

　　前路艰辛地，尚爬十八盘。

　　余勇宜鼓舞，定能到日观。

> 衰老已耄耋，心雄志不残。

公元一九八二年六月。邹云翔写于上海路二号之无闲斋。时年八十有六。

忆往昔，看今朝，二十余年过去了，弹指一挥间。试看今日，当初二十名研究生中已有数名顶尖人物，可以说不负当时邹云翔教授之厚望。

（二）培养研究生

本人培养硕士研究生（1979—1993）共计9名，其中两名是与其他老师共同指导的。

以下再说一下本人所带研究生的概况。在首批20名研究生中有梅晓云和项平，但必须说明的是，项平不是我直接指导的，他的指导者系王自强老师，但其时王老师无硕士生导师资格，故又归我指导。平时我不参与对项平的指导，只是参与其毕业论文的修改并主持其毕业论文的答辩。类似的还有朱小舒（女），由诊断组金一飞老师指导，但金老师亦无硕士生导师资格。现就我所带硕士研究生的概况简介如下：

1. 梅晓云（女），1979年至1982年在读，研究生毕业论文题目为"论肝主疏泄及其临床意义"。

附：项平，1979年至1982年在读，研究生毕业论文题目为"内经长寿学说的初步探讨"。

2. 姜惟（女），1983年至1986年，研究生毕业论文题目为"论五脏之痰的病机与证治"。

梅晓云和姜惟研究生毕业后就留在内经、中基教研室任教。现今均已评为教授，并指导研究生。

3. 吴昌国（男），1983年至1985年在读，研究生毕业论文题目为"略论脾胃的纳运与他脏的相互关系"。毕业后，初亦留在本教研室任教，后因其他原因，调至文献研究室工作。

4. 鞠兴荣（男），1986年至1989年6月在读，研究生毕业论文题目为"血肉有情之品补益作用的探讨"。毕业后继续攻读博士学位，博士生导师是文献研究所的研究员宋立人。毕业后回至南京财经学院的营养专业任教，前年该校升格为财经大学，鞠兴荣现任该校副校长。

5. 孙益平（男），1986年至1989年6月在读，研究生毕业论文题目为"试论脏气对血运的双向作用"。毕业后分配至省中医院急症中心，一直至今。

6. 马丽春（女），1986年至1989年6月在读，研究生毕业论文题目为"津液不足与衰老关系的探讨"。毕业后回到安徽省中医院工作。现已改行，专攻书画，并已出版了关于书画的专著。

7. 冯全服（男），1989年至1992年在读，研究生毕业论文题目为"论《老老恒言》、粥谱及其理论基础"。该生原在上海华东师范大学教育系教学管理专业学习，毕业后获教育学学士学位，1987年分配至我院教务处教育研究生室工作。来我院后对中医学产生浓厚兴趣，开始自学中医，继而报考研究生。因其本非中医专业，故令其研究中医养生学。他研究生毕业后也是选择了与中医药行业有关的单位，一直在先声药业集团工作，现在担任该药业集团副总裁。

我带研究生的要求可以概括为"三能"，即能讲、能写、能临床。当教师必须表达能力好，有经验和体会；必须能写文章以便交流，或进行经验总结；能临床，作为一名医生，不会诊病，学医何为？

研究的方法，要求必须研读经典及有关医学名著和医案等，再有必须跟随我上门诊抄方，并将典型病例重点记录，以便研究。因为我认为中医的研究不能走实验室的道路，临床是最好的实验室，所以所有研究生中除冯金服一人没有强求其参加门诊抄方外，其余的研究生一律都要求上临床。

编写教材和书写论文

（一）编教材、译经典，连年不断

自1956年至1990年，在这整整34年中，我除了教学和行政工作及每周一次门诊外，还有两项任务，即编写教材和撰写论文。按上级规定，要评上教授，必须有专著以及两篇发表于省级以上学术期刊的有质量的学术论文。这些规定，既是压力，也是动力。这三十多年间我编写的教材有《内经辑要》《内经教学参考资料》《中医学概论》《医经讲义》《内经选读》《中医养生康复学概论》《中医养生康复古籍选》《中医学导论》，其中除《医经讲义》为协编、《内经选读》为副主编外，其余均为主编。

再有是译释古典医著。当时卫生部和教育部有规定，文献的整理研究同样属于科研成果，故而我就选择了《黄帝内经》的译释工作。但这译释工作有个要求，即"信""雅""达"。所谓"信"，即译释一定要忠实原文的意义；雅，指译释的文字力求简洁明了，并要有文采；达，即表达清楚，不能有悖原文的本意，所以我在译文中采用了直译和意译相结合的方法。我试译一两篇，先给当时的老教师审阅，继而再写成样稿，送上海科学技术出版社审阅，经同意后便开始全面工作。我和王新华老师为主编，编写结束后，送至上海科学技术出版社出版，发行后颇受读者欢迎。

我点校的古医籍有《杂病源》《慎斋遗书》《曹沧洲医案》，此外又接受卫生部下达给江苏、江西的24部古典医籍的点校主审任务。

（二）写论文，经年累月

在编写教材和译释古典医著之外，我常撰写论文，并发表于省级以上的中医药杂志和院校的学报，三十多年来有一百多篇。此外还应有关报刊之邀写养生保健的科普文，如《当代老同志》（现改为《银潮》，是江苏省老干部局主办的）、《江苏教育报》《南京桥报》（现改为《南京晨报》）、《祝您健康》（江苏科技出版社主办）、《家庭医生》《健康指南》以及我院主办的《中医函授》（辟有"养生专栏"）等十数家报纸杂志，迄今已发表有关养生保健的医药科普文两百多篇。至今仍有报刊向我约稿,如《银潮》《家庭用药》等。

国内外讲学，交流学术经验

（一）国内讲学，交流学术经验

首先讲一讲国内的讲学、学术交流。国内学术交流，我参加最多的应属与山东中医学院（现为山东中医药大学）的交流。该校与我校曾结为兄弟院校，常互派教师讲课，参与研究生论文答辩；再有古籍点校，山东中医学院承担的是《素问》校释、河北中医学院承担的是《灵枢经》校释，我院是这两部经典校释的主审单位之一，我本人为我院主审团的一员。由于以上因素，我到山东中医学院参加活动比较多，每年至少一次，亦有两到三次者。有一次，山东中医学院邀请我参加该校硕士研究生论文答辩会，结束后又要我做一次学术讲座。好在他们在邀请时已提出这个要求，我亦有备而去。那天讲座设在该校大礼堂，所有师生都参加了，真是济济一堂。我讲的题目是"从内外因的辩证观点论调理脾胃的重要意义"（全文见《孟景春医集》第144页），讲完后，也有学生提问关于脾胃病治疗方面的问题等。后该文载于《山东中医学院学报》。翌年南京市举行中医药论文评奖活动，我将该文送审，结果被评为优秀论文一等奖。

后两年我又至山东中医学院参加《素问》校释审定会，会后该校又要我做一次学术讲座，那次做讲座的还有北京中医研究院的马继兴先生。马继兴先生讲的题目是"版本学和校注本学在校释中的应用"，完全是针对点校和校释时的基本要求，对点校古医籍确有很大的帮助。我讲的当然还是三句话不离本行——与临床有关的课题。我准备了两篇短文，一篇是《"胃喜为补"释》，另一篇是《论补药必佐宣通》（前者见《孟景春医集》第177页，后者见《孟景春医集》第175页）。前一篇短文亦载于《山东中医学院学报》，后山东中医学院又将该文作为范文收于《医案医话》。

1985年，我还到安徽中医学院（现为安徽中医药大学）参加该校首届硕士研究生论文答辩会。这位研究生名叫王健（现为该校校长）。王健的研究生论文答辩之所以邀请我参加，也许与他父亲有关。他的父亲名叫王乐匋，本是安徽中医学校的一名教师，当时也是为升格学院做准备，要提高师资水平，该校便派遣他来我校参加全国性的师资研究班，我曾为该班讲授内经课。因此，我和王乐匋即使谈不上师生关系，称为学友还是可以的，相处得也比较融洽。我想可能由于这一关系，故而应约参加了论文答辩会。结束后，他们陪同我游览了合肥的逍遥津公园，公园内风景秀丽，里边有张辽的衣冠冢，就是三国时曹操帐下那个威震逍遥津的张辽。另外又拜谒了包公祠等。游览结束，下午我又做了一次学术讲座，我讲了"经络学说在诊疗中的应用"（见《孟景春医集》第85页），于第二天上午驱车返回学校。

（二）国外讲学，讲中医基础理论、临床和辨证施治

1. 在英国伦敦讲中医基础理论

1989年10月中，我和省中医院单兆伟主任医师应英国伦敦针灸医师马万里博士邀请赴伦敦讲学，为期20天。马万里博士邀请我和单兆伟赴英讲学也不是偶然的，原因是1986年11月我院曾开办国际针灸学习班，为期半年。该班虽曰"针灸学习班"，但在讲针灸专业课之前，先讲中医基本理论，藏象、阴阳、五行、经络等，开始时是由其时的内经和中医基础理论教师任教，

但听了两次讲课后,针灸班学生很不满意,提出了不少意见。该班的负责人见此情况心中着急,便向院长作了汇报。学院经过研究,决定由我去讲中医基础理论的内容。我接受这一讲课任务后,立即找到针灸学班负责人,向他了解学员不满意主要是什么问题。据反映,主要原因是老师讲理论时都是引经据典,讲了一大堆,学员还是听不懂。再有外国人听课和我们国内不一样,他们常会在老师讲课过程中突然举手提问,颇有突然袭击的味道,老师毫无思想准备,往往会被突然提问弄得不知所措,无言以对。我听完后,已心中有数。因此我在讲理论时,首先讲清其原意,然后再以通俗常见的事例作比喻,尽量做到深入浅出、通俗易懂。关于在讲课中提问的情况,我允许他们在课中提问,并把他们提出的问题一一记下来,然后对他们讲:"所提的问题很好,但是要解答得满意,我必须有一个准备,请允许我在下次讲课时一一作答。"他们听后都点头表示同意,并一齐鼓掌。自从采取这样的讲授方法后,学员们都非常满意,一直到讲完为止。马万里就是这个针灸学习班的一员。理论课学完后,按计划也要实习,学院安排他们至省中医院实习。他们虽是以针灸为主,但针灸在治疗中仍要以内科的诊断为前提。马万里在内科实习时，分派的带教老师就是单兆伟。

针灸班结束时拍照留念，就此各自回到自己的国家。马万里博士回到英国伦敦，自己开设针灸科，并开设了一个中药店（这是我去伦敦时才知道的）。大概他对我讲课的印象特别好，每年的元旦节，他总是从英国寄来贺卡，持续有五六年之久。

1989年，马万里专门发函至我院，邀请我去英国讲学，并明确要求我讲中医基础理论，单兆伟主任讲临床课；此外，还要求我俩参加其诊室诊病，病员都是预约好的。外办和院领导同意我出国讲学。当时有个规定，凡是出国讲学者，学院出资做西装一套、配置行李箱一个，要求在一个月内准备好讲学内容，学院并反复强调"外事无小事"。出国讲学还配翻译一名，当时配了一名专职的翻译，名叫金惠德。出国的一切手续，由学院提供证明，由单兆伟主任前往办理。金惠德翻译打前站，先赴英国去联系有关事宜。到时，我和单兆伟两人先至北京，然后乘飞往英伦的大型客机。我不懂英语，单主任比我稍懂一点，他在飞机上用半生不熟的英语夹带手势和乘务员进行交谈。所幸这架大型飞机机舱宽阔，可坐可卧，一日三餐都由机内供应。就这样经过近三十个小时的飞行终于到达了目的地，金惠德翻译早已在那里等候，至此我总算松了一口气。少憩片刻，便由金惠德翻译陪同驱车直至马万里家。马万里早已在门前等候，寒暄片刻，当晚我们就在他家晚餐，餐后安排我们住宿。由于一路劳顿，感到疲乏，不多时我就睡着了。又因为一路上比较紧张，大便秘结，幸亏我带了麻仁丸，服药后才解决了便秘问题。又休息了一天，便开始了讲学程序。日程安排是上午讲课、下午门诊（由马预约病号，半天10个病号）。讲课内容安排是一日由我讲中医基础理论，一日由单兆伟讲内科病证，就诊的病员初诊挂号费30英镑，复诊25英镑，诊费收入的50%归我所有。诊病时，马万里在旁一边抄方一边讨论病证病机和处方之义，开好方，就在他家诊所内配药，所以半天内他的收入亦不菲。在讲学期间，或停课一日或在星期天由马万里和他同事麦克先生一起陪同游览伦敦地区的名胜风景区。总的感觉是，所有风景区都绿草如茵，空气新鲜，蓝天白云，景色宜人。

2. 在比利时讲临床

时间很快，转瞬间已过了20天，我的讲学任务已告结束。其时忽得比利时有人来约我前往讲学，当时思想并无准备。后得知，在伦敦的学习班，有一名比利时人参加旁听，而后他将此班的教学情况告知比利时的同行。甚巧，比利时的首都布鲁塞尔有我院文献研究的硕士生，其毕业后在该地开设中医诊所，通过这一关系，协同前来邀请。这突如其来的邀请，我亦不敢贸然答应，觉得还得将此事向院领导汇报。于是拟好电报，飞报学院。不二日得到院领导同意后，我即随同来人至比利时首都。他们要求我讲解中医临床的方法，并要求讲内科中常见病的诊治。好在这些内容并不困难。对临床诊治，我重在讲述辨证施治和整体分析的机理，同时还介绍了几个病例，以证明辨证施治的要点和要整体分析的原由等。在讲述时，我作了形象的比喻："人的五脏六腑，在其生理功能活动时，犹如机器的各个零件，都是相互联系的；当其发生病变时，又是相互影响的。所以诊病，尽管或肝病或肺病，但不能孤立地看待肝、肺，还要分析与其他脏器的关联。再者人是有思想、有感情的，脏器活动虽似机器的结构，但又不完全相似，因情志活动亦能对脏器活动发生很大的影响。"把这一机理讲清后，我又讲解了内科常见的消化系统疾病和呼吸系统疾病。

在比利时讲学期间，邀请方也安排了一日游览首都境内的名胜风景区。在不少名胜风景区中，有一座高大楼房的底层有一个小童正在小便的塑像，我好生奇怪，便询问这有什么来头。陪同前往的导游便向我介绍其缘由始末。经翻译后才知道，原来在数百年前的一次战争期间，侵略军进攻布鲁塞尔城堡，在屡攻失败后，侵略军便采取了偷袭的办法，派奸细带了地雷炸药混进城中，并将导火线埋藏在城外，企图定时点燃导火线，轰炸城内守军，好里应外合，一举攻破城堡。到了约定时间，敌军已派人内外联系好，并点燃了导火线。导火线丝丝冒烟，燃向城内。值此千钧一发之际，正好给一个年约十岁的小童看见了，他知道这是一条炸药导火线，如不将它扑灭，后果将不堪设想。但要扑灭它，一时又找不到水源。情急之下，他便解下裤腰带，解小便将导火线扑灭了。由此消除了城内被炸的灾难，更重要的是破坏了敌军里应外合的攻城计划，也解救了城中无数的生命财产。后人为了纪念这位小英雄，便塑造这一形象，供人瞻仰。这一生动的故事颇令人入迷，我十分赞赏他的机智，为了纪念他，当下也摄影以作留念。

一晃10天已过，我结束了比利时的讲学，又乘机飞回伦敦至马万里家。马氏夫妇在家设晚宴招待，并表示感谢之情。那次晚宴除我们参加外，还有马万里的好友麦克先生。第二天上午八时许，我们与马万里夫妇同车到达机场，返回北京，然后再乘火车回到南京。国外讲学，就此告一段落。

3. 与日本学者交流《内经》学术思想

除了国外讲学外，还有两次和日本中医学者松井先生的会晤。松井先生之所以来宁访问，是因为他对中医学很崇拜，在日本时看到我译释的《素问》和《灵枢经》，对《内经》的研究发生了浓厚的兴趣。因此他专程来宁，欲跟我交流学习《内经》的方法，并请我指导临床的有关问题，要我谈谈个人的体会、经验等。这两次会晤让我颇有感慨：一个日本人，对中医学如此痴迷，不远千里来到中国，请教如何学习《内经》等有关问题，而我们的国人甚至学中医的人竟说《内经》学说已经过时，嘲讽学习古老的《内经》等于"二十一世纪出门骑老牛，今人反向古人求"。实际上讲这样话的人根本就没有学过《内经》，所以也就不知《内经》理论的重要及其深奥。与日本人松井相比，这样的人真是可叹亦可笑。

退休不久，连遭不测

（一）病魔突降，九死一生

我于1992年7月正式办了退休手续（其时返聘期满），办了退休手续，便完全离开了学校，可以自己安排生活了。可是天有不测风云，人有旦夕祸福。在当年9月我突患急性坏死性胰腺炎，病情危急，当时就由基础部领导派车送至省中医院急诊，经过化验检查，确诊为胰腺炎，须立即手术治疗。但省中医院自称条件有限，建议转省人民医院较为可靠。其时院领导左言富书记和项平院长亦关心我，立刻和省人民医院联系，将我送到该院外科，并把省中医院急诊室的检查和诊断书给主刀医生看过。主刀医生认为刻不容缓，手术愈早愈好，于是与我院领导商定，即刻就手术治疗。在动手术的同时，院方打电话通知我住在张家港市和苏州的儿女。手术结束时，在苏州的儿子、儿媳和孙女、孙子都在手术室外等候，我在蒙眬中见到了他们，真是百感交集，一时说不出话来，只是四目相视。做完手术并非万事大吉，还有发烧不退、不能进食等问题，其间曾发病危通知三次（是我病情稳定后家属告诉我的）。我在省人民医院住了一个多月。术后的初始几天，多亏基础部老师和几位学生轮流值班；过了一周，病情稍趋稳定，便全由我的子女来照顾。一个多月后，省人民医院的主刀医生认为可以进入康复阶段，动员我出院，于是我又转至省中医院的老干部病房（也算高干病房），那里的设备都较高档。在省中医院又住了一个多月，基本上饮食和大便都渐趋正常，然后办了出院手续回到家中。由于急性坏死性胰腺炎是个重症，虽然我脱离了危险期，但要完全恢复健康还需要一个较长的时间，于是决定回张家港老家去休息调养。初时住在大儿子家，由于当时大儿子在昆山的石油器材公司工作，平时都在单位，家中有儿媳和孙子、孙女，两个孩子均在上学，所以住在他家诸多不便，于是商量住到大女儿家，这样照顾比较方便。在大女儿家住了三个多月后，身体基本康复，于是和老伴又回到南京，休养半年后，身体完全康复。之后我便开始参加几处门诊，有红十字医院、湖南路的军区总医院门诊部以及本院的门诊，门诊之余，再写些科普文投到报纸杂志。

（二）一波未平，一波又起，发妻脑中风

正所谓"福无双至，祸不单行"。如此平静的生活没过多久，1993年8月的一个傍晚，正在晚餐时，我的孙子晓如、春光等叫门，待开门两人叫了一声"奶奶"，老伴应了一声后，我见她嘴歪了，讲话不清，即慌张地扶她躺下，休息片刻后，仍不见好转，且继之大小便失禁。情况紧急，我立即叫了一辆三轮车，由小女儿、小女婿将老伴护送到省中医院急诊室，老伴仍昏迷不醒，经CT检查诊断为脑溢血。经过紧急抢救，病情稍见稳定，但神志仍不清醒。如是在急诊室观察两个夜晚后，医生建议送急诊病房进行抢救治疗。其时急诊病房的主治医师是我的研究生孙益平，经他和主任医师商定就让老伴住下了，因病情危重，老伴住在抢救室。经过三天的治疗，未见起色，相反又加新的病变：气管炎发作，咳喘十分严重，咯痰不出，有窒息的可能。医生提议切开气管，但这一手术有一定的风险，可是若不切开，可能老伴都等不到天明，医生要家属考虑后决定。考虑到如不切开，老伴已无生机，切开后可能还有一线生机，于是决定签字，同意做气管切开手术，气管切开再用吸痰器吸痰，气喘得以缓解。谁知一波未平一波又起，没过三天，老伴又并发了肺炎，高烧持续不退，医生建议用最新最好的进口药，名曰"菌必治"，但是用了三天仍不能退烧，后又用自血疗法等，病势稍缓解，但老伴仍昏迷不醒，不时有痰涎堵塞，于是又请院内专家会诊，院内专家提出用麝香和苏合香丸，这两种都是名贵的中药，医院药房都没有，经多方打听，麝香搞到了，苏合香丸还未买到。万般无奈，我一连跑了六家大的中药店，最后还是在三山街北京同仁堂买到的。那天还下着大雨，我就买了三粒苏合香丸，真是如获至宝，如法给她灌下。但结果大失所望，未见起色，但也未见进一步恶化，每天喂她饮食还可以，于是便每日用中药慢慢调治，适当配合西药。几日后咳嗽痰液减少，于是商议要取出人工喉管，五官科的医生用常规法未能成功，因加塞后即呼吸急促，甚至不能喘息，在此情况下只能暂停取管。我反复琢磨，建议改变方法，用塞子应先小后大，即采用递增法，使其有个适应过程，使其能自行调节，如此即可取出。这位五官科医生比较虚心，按照我的思路，花了一个多小时终于取管成功。大家为此也松了口气。再过几天，导尿管也去掉了，神志也有些清醒了，这时的老伴虽不能讲话，但从她的眼神里能看出，她似乎能听懂我们讲话的意思。再经过一段时间中西药合用的治疗，老伴的病情比较稳定了，于是医院就动员我让她出院，并答应如有特殊病变，可以打电话让医生到家诊治。就这样办了出院手续，并带回常服的药物，还配带了一个小型的氧气筒，以便随时给氧，如是安排较为妥当。但又考虑到她一时难以康复，住在南京，儿女们长期在此看护，有诸多不便，不如返回老家，他们可以轮番看护。经多次讨论，最后决定回张家港农村，寄住于家住乐余镇的大女儿家，一则大女儿是乐余镇卫生室医生，再则乐余镇有中心卫生院，万一病情有变，去医院也比较方便。

（三）久治不效，发妻撒手人寰

商议决定后，又请省中医院派救护车专程护送，并由孙益平医生随行，同时携带应急救护措施。一切准备妥当，早晨八时许出发，到下午四时许到达（其时尚无高速公路），平安无事，大家都放下了一颗悬着的心。住下后，老伴和以往一样服药调治，虽无起色，但亦未见恶化。哪知到农历三月下旬，风云突变，老伴始患感冒咳嗽，继而发高烧，咳嗽咯痰不爽，于是立即打电话给乐余镇中心卫生院，派救护车送至医院急诊室，并向主治医生介绍在南京时的发病情况和医治经过。经过两天的救治，老伴的热度虽下降，但食欲减退，神志又趋昏迷不醒。医生表示，治疗已经尽力而为，再无良法。在此万般无奈的情况下我和儿女们商量，决定回到大儿子家中。到大儿子家一天后，老伴的病势更趋恶化，气喘，同时更兼大汗淋漓，饮食不进，即使稍进米汤，亦不能咽下。人无胃气则死，大家心中明白，已是彻底无救的时刻。大家日夜轮流守护，挨到农历的四月初八、公历的5月17日凌晨，老伴终于离开我和她的子女撒手西归。这时子女们悲泣，我心中也十分哀痛，忍不住泪流满面。儿女们见此反而劝慰我忍痛节哀，在忍住悲痛之余还要料理丧事。

回想秀英发病之时，迄至作古之日，整整300天，在这漫长的时日内，我可以说是摆脱一切事务，整日守护在她的身旁，尽管也有儿女在身旁，可我亦终日不离，不时观察病情，并不时呼唤她，希望能唤醒她，但始终没有出现奇迹，最终她没有讲一句话就默默地离我而去，真可谓饮恨无穷时。为此我拟了一副挽联，以表达对她的悼念：

结婚五十载，勤俭持家、抚育儿女，风雨同舟共甘苦；

卧床三百天，竭诚诊治、精心护理，中西不治赴瑶池。

自从秀英作古后，我孑然一身，大女儿要我住在她家，以便照顾，我便去乐余镇，有一年多时间过着衣来伸手、饭来张口的生活。在旁人看来我活得很自在、享清福，但我不仅有孤独寂寞感，且闲得无聊，内心十分空虚，每日除了给少数病员诊治外，就是与收音机打交道，有时也看看书，但不知为什么，看书也不知其所云。有时女儿和女婿外出，我一人在家，上下三层楼房空荡荡的。他俩有事外出，铁将军把门，每天午睡醒来，室内声息全无，我真感到不是滋味。要说和周围邻居聊天，这些老头老太都是做小生意的，聊天也谈不上，真是话不投机，所以见面时除点点头打招呼外，再也没有共同的语言。因此我就想换换环境，想到张家港市，因市内有我二儿子焕民的住房（二儿子全家已去苏州市），房子空着，到那里再联系医院上门诊。我把这个设想和二儿子讲了，他表示理解并同意我的想法。于是我和女儿讲了，并说明原因，且一再表明不是他们待我不好。接着便选了一个天气晴朗的日子，带了一些随身应用什物和常看医籍，到了张家港市二儿子的旧家内。哪知住下还不到半个月，就接到学校寄来的邀请函，要我回校参加建院四十周年的校庆。我非常高兴，同时也把这个喜讯告诉了儿女们，并按时回到了阔别两年多的学校。校领导和多年的老同事见到我后，都劝我不要再回张家港了，都说那里没有我活动的天地。我细想确实是如此，且住在自己的房屋里更感到踏实，每天都有老朋友、同事相见，相互谈谈话、聊聊天，心里的孤独感也一扫而空。住了数天后，我又和南京中医药大学门诊部联系，每周周三上午定期上门诊。而后又有多所医院和门诊部相继聘请我上门诊，如南京中医药大学百草堂中医门诊部及南京市红十字医院、南京市秦淮医院、南京市建邺区中医院、南京传统中医门诊部等，几乎每天都有门诊。后又有多家科技出版社约稿，要我写中医药科普书稿。于是我决定辞掉几家门诊，固定几所，即南京中医药大学国医堂门诊部、百草堂中医门诊部、南京传统中医门诊部。自1991年开始至今，我除了门诊工作外，还从事中医药科普写作、医疗经验总结，并参加过多家电视台的健康养生讲座，其具体情况下面作专门介绍。

发挥余热，热心三件事

自从我退休后，学校里不再要我干什么事，但整天闲着也是无聊，于是我就想找事干，干我力所能及的事情。我给自己设定了三大任务，即上门诊、写科普、总结医疗经验。此外，参加电视台的健康讲座，但这不是经常性的。先将以上工作分别介绍如下：

（一）上门诊，为病员服务

我常想，作为一名医生，主要的工作就是看病，为民众解除疾病的折磨，所以我给自己安排了三处门诊，每次都是上午，周二百草堂，周三国医堂，周四传统中医门诊部。2008年，中医药大学有个学生名叫孙龙，毕业后独自创业，在仙林大学城附近开设了一个门诊部，取名"轩德堂"，并设有中药房。门诊部开设后，聘请了多位坐堂医生，大多是学校里的老师，开业后孙龙亦邀请我去参加。当初我考虑家住汉中门，而他开设的轩德堂在仙林大学城附近的香樟园，两地相距有数十里之遥，来去有一定的难度，于是我婉言推辞。但孙龙同学反复相约，并言路远可派车接送等。于是我想，一个年轻的学生，有这种创业精神，应该给予支持，便答应了他的请求，于是辞去了百草堂的门诊，定在星期日去轩德堂。我为什么定在星期天去轩德堂？当时的我是这样想的：我初到轩德堂，人家也不会知道，若我去后门庭冷落，岂不有负孙龙的心愿？我在以往几处门诊时，常有病员诉说看病请假难，也有的病员是教师和学生，如果不在双休日看病便要影响工作和学习。若我在星期日门诊，岂不有利于这些人群的就诊？若我在以上三处门诊时遇到看病请假有困难的病员，便告诉他（她）们可去仙林地区轩德堂就诊，岂不是两全其美？主意拿定以后，我就在星期天上午去轩德堂门诊，去了几次还算好，没有出现门可罗雀的窘境。经过几次门诊，病员也逐渐多了起来，这样我一颗悬着的心终于放下了。至今算来，我在轩德堂门诊已有七年之久，在坐诊之日还有在校的本科学生来抄方学习。上门诊时病员多，有时要到下午一两点钟才下班，工作时间不免长了一点，但见到病员们对我表示感激，尤其有些病员在病痛解除后向我表示深深感谢时，我的心情也特别愉快，这种心情，也只有做医生的才能体会到。在门诊中往往遇到疑难杂症，他（她）到处求医无效，或者这种病西医也束手无策的，我就特别关心，千方百计地要治好它，既是体现中医学的特色，同时也为中医争气。看好后，我就将这些病例加以整理，这样做也为随诊的学生树立了学习中医的信心。经过数年积累，我已将这些治愈较典型的病例整理写进我的《临床经验集》，这是我的一项较长期的工作。

（二）写中医科普书，整理临床经验

首先讲讲我为什么要写中医科普书。中医学是中华民族传统文化的一部分，毛主席讲过：中国对世界有三大贡献，第一是中医。毛主席还讲过：新中国绝对不会丢弃中医这样的国粹。又说："中国医药学是一个伟大的宝库，应当努力发掘，加以提高。"可见中医药对人类的健康是何等重要。但是由于中医药的书籍都是文言文，言简意赅，内涵丰富，博大精深，一般无古文基础的人都不易看懂，更何况一般老百姓，所以要使一般老百姓了解中医药知识，如果不用通俗的语言、浅显的比喻来讲述，他们是无法理解的。要想解决这个难题，只能借助科普文的写作，只有通俗易懂的中医药科普文才能使全国人民都能了解中医药、相信中医药，这就是我写中医药科普书的动机和认识。

一开始，我的中医药科普文只是在有关报刊，如《江苏教育报》《每日桥报》（即现《南京晨报》）、《祝您健康》和《当代老同志》（即现在的《银潮》）等上面发表，大概由于这样的原因，一些科技出版社不断开始向我约稿。从1992年至今，我撰写并已经出版发行的中医药科普书有《中医养生丛书》（计10册，江苏科技出版社），《祝您健康长寿》（人民卫生出版社），《教师健康手册》《四季进补》（南京出版社），《餐桌上的美容食品》《中医百病调养》《生活中的中医》《熟门熟路看中医》（上海科学技术出版社），《趣话中药》《趣话古今中医诊治》（湖南科学技术出版社），《实用中医养生》《实用老年病家庭防治》（南方出版社）等。再有是专著，包括个人临床经验、名医经验医案。个人的临床经验专著有：《孟景春临床经验集》《孟景春医集》《孟景春用药一得集》。我整理的名医经验方面的专著有《疑难病证百例选》《奇证医案解析》和《名医珍言录》等。

（三）应电视台邀请，宣讲中医养生保健知识

讲座不是经常的，主要是应电视台的邀请。我在电

视台做的讲座有：江苏教育电视台，在2001年宣讲中医养生法，每周一次，连续宣讲了两个月；最近两年应南京电视台之邀，介绍个人的养生保健，以及冬病夏治；在江苏老年电视961频道讲授中医四季养生法；在江苏卫视《万家灯火》栏目与明基医院的尤虎医师联合宣讲冬季养生，重点讲授冬季服用膏方，共计六讲，连续播放一周。

以上就是我退休后常干的工作。我今已年逾九旬，以上三件事，只要我身体好，精力允许，我将继续努力去干。有人问我："你现在已这样大的年龄，你什么时候会在家休闲，安度晚年呢？"我听后笑笑说："只要我精力尚可，耳不聋，眼不花，干些力所能及的事就是享清福。"我将自己的生活归纳三句话："快快乐乐活一天"，"平平淡淡过一天"，"忙忙碌碌又一天"。我想，只有这样才活得充实，活得有意义。最后我写打油诗一首，以表心志：

鹤发红颜具雄心，勤于用脑手不停；

晚霞夕阳无限好，何必惆怅近黄昏。

思邈百岁撰《千金》，我今九旬犹年轻；

未来时日毋虚度，寸金难买寸光阴。

最好的医生是自己

——孟景春自我养生保健笔谈

之一：牛山荒芜的启示

我今已年逾八旬，退休已有13年。13年来我实际上是退而未休，每周5个上午上门诊，下午写作，有时被邀请到单位、社区做些保健讲座，宣传保健知识。自退休迄今，我主编和主审的医药科普书已出版了6部200余万字，在各种医药杂志、报纸发表科普文章达200余篇。我的身体状况不仅自我感觉良好，而且在体检时，除前列腺有轻度增生外，其他各项指标均属正常，五脏六腑亦无异常。不管是相识的还是不相识的人见到我都会用鹤发童颜、红光满面来夸奖我的身体。回到老家，碰到多年不见的老乡、老友，他们也说，十几年不见了，我除了头发白点外，其他一点也没有变。因此，无论是亲朋好友还是临床上碰到的病患者，总要向我了解我的养生之道，希望得到一些秘诀。有的人认为我身体这么好肯定是原本身体素质好，多数人则认为我是医生，懂得保养。说实话，我的身体素质并不怎么好，年轻时不时患病，重视自我保健也不是一贯的，在位时工作非常繁忙，压力也比较大。20世纪50年代至60年代中期，我一直从事《黄帝内经》和中医基础理论的教学工作，后来又担任南京中医学院中医系主任、基础部主任等行政职务，还兼任江苏省及南京中医学会副会长、江苏省《内经》研究会主任、江苏省养生康复学术研究会顾问等职。此外，兼任卫生部高等医药院校专业教材编审委员、国家卫生部下达江苏省24部古医籍点校的主审。我每天要上课，还要上门诊或带教学生实习。直到20世纪80年代中期才辞去行政职务，后又参加学院养生康复专业的筹建工作。尽管工作繁忙，但我对业务的钻研从不敢懈怠，每日都至深夜才就寝，节假日亦很少休息。在教学、行政工作之余，我撰写医学论文100余篇，编写教材及论著16种（25部）540余万字；培养硕士研究生9名。到50多岁时，我也患了不少病症，如血压高、心脏时有早搏，还有玻璃体混浊等，尤其是在69岁时患了急性坏死性胰腺炎，真是九死一生，说句笑话，我是到阎王爷那里转了几圈又跑回来的。

我现在身体之所以健康，就是因为后来重视了多方面的保养，而深刻认识自我保健的重要性则是从"牛山荒芜"的一个比喻开始的。

退休后，闲暇时除复习医籍外，我也重温一些古典著作，如《论语》《孟子》以及老庄等的作品。在阅读《孟子·告子》中的一段话后，我对自身保健的重要性加深了认识。这段话的原文是：

牛山之木尝美矣，以其郊于大国也，斧斤伐之，可以为美乎？是其日夜之所息，雨露之所润，非无萌蘖之生焉，牛羊又从而牧之，是以若彼濯濯也。人见其濯濯也，以为未尝有材焉，此岂山之性也哉？虽存乎人者，岂无仁义之心哉？其所以放其良心者，亦犹斧斤之于木也，旦旦而伐之，可以为美乎？

这段话的核心是把人的身心比喻为牛山的树木。大意是说：牛山上的树木本是很茂盛美丽的，但由于牛山接近都市，都市的人们要去砍伐，就伤害了树木；有的树木被砍伐后，经雨露的滋润，也能再生长出嫩芽，可是又有放牧者纵牛羊食之，因此使牛山形成秃秃的一片荒废景象。由此联想到人的身心，倘若不知好好保养，也会使自己的身心如牛山上遭砍伐和放牧后的树木，再也不会茂盛，人体便会出现早衰现象。临床上看到不少人刚刚步入中老年，不是诸病丛生，便是老态龙钟。究其原因，都是不知自我保健。也有些人身体有病，不从自身找原因而一味地依赖医生和药物，其实，这不是治本之计。事实上，不少慢性疾病的形成，大多是由于不良的生活习惯，如酗酒、吸烟，生活没有规律，行为失于检点等，日复一日，便潜伏了致病因子。也正因为此，才有了"最好的医生是自己"的至理名言。世界卫生组织也宣称，个人的健康与长寿，60%取决于自己，其他的40%则是：15%是遗传基因，10%是社会因素，8%是医疗条件，7%是气候因素。至此，我更加深信身体健康与否主要取决于自己是否注重自我保健，且坚信自我保健的良好作用，并身体力行。

之二：两"淡"、两"动"健身心

我的养生保健方法可以用"淡""动""乐""定""防""补"六个字来概括。

"淡"包括两方面：

其一，淡名利，这是我养生方法中十分重要的一条。孔子说过："不义之富且贵，于我如浮云。"诸葛孔明亦有名言曰："非淡泊无以明志，非宁静无以致远。"这些都是淡名利思想的体现。反过来说，如果孜孜于名利，往往会不择手段去追逐，甚至钩心斗角，尔虞我诈。目前社会上的一些贪赃枉法者，都是重名利的典型。这些人的心态，很像相声演员马季说的"红眼病"。这类人的心境一直处于紧张状态，心理是不可能健康的。而且一旦东窗事发，锒铛入狱，身败名裂，甚至命不可保，何谈健康长寿？所以我总是认为要身心健康，就一定要把名利看淡，只有这样才能活得舒心。为了做到这一点，我总是对名利看得开、放得下。常言说得好："良田万顷，一日三餐；广厦千间，夜眠七尺。"又有谚语曰："生不带来，死不带去。"与其争名夺利，还不如平平淡淡过日子，乐得逍遥自在，身心健康。

其二，淡饮食。饮食之"淡"有两个含义，其一是食物之清淡，其二是咸淡之淡。两者都要重视。清淡食物泛指食物之容易消化者，多数是指素菜，荤类菜肴烹调时不用油炸和甜腻，而以清蒸和炖等方式进行。俗话说:"鱼生火,肉生痰,青菜豆腐保平安。"当然这句话并不是说要绝对不吃鱼肉之类,而是要少吃。再就是方法要得当。油炸鸡腿之类,我是从来不吃的。素菜亦不局限于青菜、豆腐,意思当以素食为主,特别是对老年同志来说更为重要。古人有诗云:"厚味伤人原所知,能甘淡薄是吾师。三千功行从此始,淡食多补信有之。"其中心意思是提倡吃清淡食物,同时亦告诫人们不要贪食肥腻(厚味),多食则有损人的健康。现代医学研究也证明,多吃荤腥肥腻易使身体肥胖。血脂、胆固醇的增高,是促使动脉硬化、血黏度增高的罪魁祸首,故而也是引发高血压、冠心病以及糖尿病的元凶。因此有人提出,要防止这些病的发生,首先要管住自己的嘴。真是一语中的。

咸淡之淡是指要控制食盐。食盐超过正常的量,是引发高血压病(症)的重要因素之一。事实证明,凡嗜咸的人,多数会患上高血压。但盐也不是越少越好,最佳的食盐量,一般公认为每日3~6克。

"动"则包括"动形"和"动脑"。所谓"动形",指形体的运动。早在《吕氏春秋》中就有"流水不腐,户枢不蠹"的比喻,至三国时华佗继承了这个观点,并具体地创造了健身的运动——五禽戏。法国伏尔泰也提出过"生命在于运动"的观点。于是运动健身更是深入人心。运动的种类很多，各人可以根据自己的身体状况、周围的环境，以及各自的爱好，自行选择。运动能够强健筋骨，流通气血，并能增强胃肠的吸收、消化功能，从而达到增强体质的功效。本人选择的运动是简而易行的散步和随处可以操作的按摩功。常言道："百练不如一走。"又说："步行是百练之祖。"散步虽简单，但散步时摆动四肢、头脑中无思无忧、悠闲自得，同样可以取得上述的效果。和所有的运动一样，散步要达到健身的效果，也要适度，如果没有度，就难以获效。这个度也要因人而异，个人的感觉以40分钟或一小时为度。我多在下午四点左右散步。

  我的按摩也可算作是一动，主要是按摩运动所不及的部位，也就是一般不能自主的部位，如头皮、耳廓、肚脐、阴囊以及有强身作用的穴位。我在传统"养生十六宜"的保健功基础上，作了适当的增减。主要的按摩内容包括按摩头皮，就是常说的"指梳头"，具体做法是：将双手五指分开，先由头部正中而后两旁向后梳理百余次。这样做可疏通头部经脉，流通气血，有提神强脑的功效。每次按摩后都有神清气爽的感觉。另外，长期梳理，对老年痴呆病也有一定预防作用。每日早晚各进行一次，以梳至头皮微有热感为度。再有按摩额部，这额部从全身肢体来说是头面部反应区；于五脏来说，又是心脏的反应区。故常按摩额部，有清头目和强心的作用。按摩太阳穴和耳廓后的降压沟，有降压作用。再有双掌掩耳，食指、中指靠后脑部轻轻弹动，名曰"鸣天鼓"，可防止老年性耳聋。按摩鼻翼两旁的迎香穴，可预防感冒。按摩腰部有补肾强腰的作用。按摩涌泉穴（在脚掌前1/3大趾、次趾间）能安神安眠，亦有补肾之功。按摩肚脐（又称"神阙"），脐部是元气蕴藏之所，按摩时食指在脐部，按压、放松有节奏地进行，能补益人的元气，有效地防治阳痿、早泄。阴囊是睾丸贮藏之所，睾丸古称"外肾"，是生长精子和分泌雄性激素的器官，所以通俗称它为"命根子"。按摩时先擦热掌心，而后握住阴囊轻轻按摩，左右各50次左右，具有补肾生精之功，对性功能衰退和精子减少的不育症有一定的帮助。按摩这些部位和穴位，我一般都是在睡眠前后，即在早晚进行。

关于动脑的方法，凡是考虑问题、训练记忆、对事物的分析等，都属于动脑的范畴。按以往的医学观点，人的脑神经细胞死亡后是不能再生的，所以一般进入中老年时期便容易出现记忆力减退，思维迟钝。但现代研究又发现，脑细胞也有再生的可能。按照达尔文"用进废退"进化论的观点，我相信勤于用脑至少可以有效地控制脑细胞的早衰。我勤于用脑的方法是每天定时看报、看书，背诵经典医著以及方剂的歌诀。此外，就是写保健讲座稿以及医药科普书稿，做到经常性地脑、手并用，故自觉思维当称敏捷，记忆力亦未见明显减退，可以说还未到老糊涂的地步。

之三：乐观有道的生活规律

要想健康长寿，我的体会是，保持乐观的情绪十分重要，也就是要重视一个"乐"字。"乐"则有三，即知足常乐，助人为乐，自得其乐。三"乐"之中我觉得"知足常乐"最重要，有了知足常乐的思想，忧患就很难困扰。老子早就指出："祸莫大于不知足，咎莫大于欲得。故知足之足，常足矣。"孔子亦告诫曰："及其老也，血气既衰，戒之在得。"在生活水平和物质的享受方面，不论是工资、住房还是吃穿等，我总是坚持知足的思想，平时粗茶淡饭，营养保证，吃饱穿暖，过着平平安安的生活就满足了，不和人去攀比。常言道："别人骑马我骑驴，回头看看推车汉。"这就叫"比上不足，比下有余"。再说老天爷是最公平的，温暖的阳光、清新的空气，大自然的风光，总是让大家共同享受和欣赏的。我常用这样的道理提醒自己做到知足。

对于助人，我一方面将它作为自己道德和行为的要求，同时也把它作为养生的重要内容和方法，长期坚持，受益匪浅。我体会，要想做到助人为乐，首先要有"与人为善"的胸怀和"莫以善小而不为"的思想。帮助亲友、资助贫困学生、免费为人诊治、为受灾群众捐助衣服、无条件地传授知识和技能，凡此等等，我常常为之，乐意也常常由心而生。

至于"自得其乐"，其方法也是多种多样，如栽花、养草、习书、绘画、听音乐、唱歌、唱戏等。本人常喜临帖写字，或欣赏名家的画册，或听歌曲，而且长年不辍地剪报。报中所载名人轶事、风俗掌故等，有的是《辞源》《辞海》以及《成语故事》等都查不到的，积累多了粘贴成册，不时翻阅，可以增添自己生活中的乐趣。

生活规律方面，我坚持了一个"定"字，包括定时吃饭、大便、入睡、起床等。吃饭、大便定时，保证了我胃肠功能的正常；定时起卧，保证自己生物钟运转的正常，能有效地防止失眠。此外，我还注意讲究定量问题。定量，主要是指饮和食的量。就我的食量而言，通常七八分饱。在这方面，唐代大医药家和养生家孙思邈有句名言，即："知饥而食，未饱即止。"要求每次用餐在还没有饱感时即停止，因为这样最有利于胃的消化，只有消化好，才能使肠子吸收好，吸收好，所有食物中的营养才能为人体各部分利用，起到营养全身的作用。所以苏东坡说过"宽胃以养气"，现代医学家通过实验也证明了这一点。通过以上四"定"，再加上前面所说的运动适度，我使自己完全符合古典医著《黄帝内经》中所提的"食饮有节，起居有常，不妄作劳"的养生要求。

之四：预防为主　趋利避害

我的养生保健体会的第三个内容是预防。由于长期从事中医工作，我对中医的预防思想和理论了解得多一些，认识到预防在保全生命、防御衰老方面的重要性。

因此，我的养生方法也就包括了预防为主、趋利避害的重要内容。所谓防，我认为应当包括防早衰和防疾病两方面，虽说生、长、壮、老、已（死）是生命发展过程中不可抗拒的自然规律，但延缓衰老是完全可以做到的，尤其是防早衰。

为了有效预防早衰，我按照中医理论，努力做到"人到中年，再振根基"。所谓"再振根基"，也就是采用补肾为主的养生方法。中医认为肾为先天之本，主宰了生长发育，并且与人的衰老有十分密切的关系。及时补肾是防早衰的有效方法之一。我的补肾方法既简便又能收到较好的效果。一是注重药食补益和节欲。药食补益即食品中既是药物又是食物的补品，如黑豆、黑芝麻、何首乌、核桃肉、枸杞子等。二是固齿。为防止牙齿的动摇脱落，我每次小便时都注意做到闭口咬牙；每餐饭后漱口；早晚刷牙洁齿，长期坚持。正因如此，我有一副较为坚固的牙齿。第三是长期坚持按摩。前面所介绍的我长期坚持的兜外肾、鸣天鼓、擦耳朵、叩牙齿等按摩也都是传统的效果很好的补肾方法。

"再振根基"的第二个措施便是注意保持脾胃功能的正常。平时注意合理膳食，以保证营养充足。没有营养的保证是很难做到健康长寿的。除此以外，我还坚持每天适度运动，保持乐观情绪，以保证良好的食欲。再就是饭后摩腹、饭后散步等。

除了防早衰，防病也可以说是延年益寿的关键。我国晋代医药家葛洪说过，要长寿就必须防止疾病的发生。人类所患的疾病很多，科研人员做过粗略的统计，有1000多种，可说是防不胜防。我的防病主要是从大处着想，从根本上去做。疾病虽有千种，但不外乎内、外两大致病因素。我平时努力做到锻炼身体，加强道德修养，使自己的身、心两个方面都符合健康的要求，处于健康状态。正如《黄帝内经》所说："正气存内，邪不可干。"在个人生活方面，我还注意做到洁身自好，积极预防生活行为病的发生。

对于现在世界医学公认的被称为几大杀手的疾病，如心脑血管病、癌症、糖尿病、高血压等的预防，我采取的是"十二字方针"，即"管住嘴、放开腿、戒烟酒、心态好"。所谓"管住嘴"，就是不放纵自己，时刻注意哪些能吃、哪些不能吃。有利于预防疾病、健康长寿的，多吃，反之再好的美味佳肴也要忍痛割爱。我虽然退休了，但是还经常被邀请参加各种酒席，每次上桌,我都注意不为美味佳肴所动,婉言谢绝招待者的热情劝酒劝菜,管住自己的嘴巴。所谓"放开腿",实质上就是运动,每天坚持。至于烟,我从来不抽。酒我是只喝一些药酒。心态好,就是努力使自己有一个宽大的胸怀和积极向上、乐观的心态。

之五:药食兼补　贵在坚持

我养生体会的第六个字是"补"。补有"食补""药补",它是对身体较虚弱的人所采取的措施。古医籍中有"虚则补之",而人的衰老、功能的减弱,也是"虚"的表现。所以要身体健康、防止早衰,补也是不可忽视的环节。谈到补,就有个药补和食补的问题。有人说"药补不如食补",事实上两者不可偏废,就功效来讲,可以说各有千秋。说药补不如食补,是因为以食物进补具有三大优点,即其味美可口,无不良反应,可以久食。但讲到实际功效,食补却不如药补来得快捷明显。例如服人参或阿胶,如对症的话,一般服用约半个月即能见到效果。食补则不能,尤其是调整内脏功能,食补远不如药补。所以说两者是不能偏废的。

本人的食补,是遵照《黄帝内经》中"五谷为养,五果为助，五畜为益，五菜为充，气味合而服之，以补精益气"的论述而进行的。每天的食物有谷、肉、果、菜多方面的配合。用通俗的话来说就是，吃饭、喝粥，五谷杂粮、粗细结合，不单一吃米、面；菜中既有蔬菜类，又有肉类，荤素结合，同时还吃各种果类。只有这样，才可以保证营养全面，不致形成营养缺乏或过剩的病症。我每天的主食，除大米、面粉外，还加些杂粮等。如煮粥常加胡萝卜、红枣，或加玉米粉、大麦片，或加生米仁，有时加青菜、香干、花生米煮成菜稀饭，这样亦可以调剂口味。夏日常加绿豆，素菜常吃豆制品，荤菜常吃鱼类、瘦肉、猪蹄。在吃法上也加以注意。鱼类以清蒸为多；猪蹄以煨炖法，配以黑木耳、金针菜，还可配合海带等。蔬菜类在四季中多选择应时的（现在大多用温室栽培，很难分出季节性）。如在春季有马兰头、菊花脑、枸杞头，这些蔬菜有清肝明目的作用；夏季常食冬瓜、黄瓜、苦瓜、西红柿、绿豆芽等，这些有清心解暑的功效；秋季常食莲藕、茭白、青萝卜等，可以润肺生津；冬季则适当食用羊肉或狗肉、虾子等，以温阳补肾。副食品如山药、红薯、玉米、芋苗等，红薯、玉米具有抗癌的功用，红薯通大便很有效，且无副作用。以上几种，只要一上市，我就几乎不间断地每天食用。水果，根据胃的适应，在春、夏、秋之季，几乎每天都吃，冬天则少吃，因天寒吃水果，胃中常感不适，但如吃水果胃无不适，还是吃上一点为好。

关于药物的调补。如枸杞子，我除了夏季不用外，其他季节是常服的，用它泡汤代茶，用它泡酒。夏季不是不能服用，因天热枸杞子容易变质，所以改用决明子泡茶，每用10克左右。决明子炒熟后泡茶，有股清香味，且颜色呈金黄色，与咖啡色颇为相似，外国人也喜欢喝，并戏称是"中国咖啡"。

再有枸菊地黄丸，我是长年服用，其主要作用在于调补肾阴和肾阳，持久服用可起"振根基"的作用。冬季则加服黑芝麻、核桃肉。每至冬季加服具有补肝肾、养气血作用的中药膏滋（也称"补膏"），从冬至开始，服至立春左右停止。

总之，我采用的是增加营养以食补为主，补气血、调五脏以药补为主的办法。食补与药补从不偏废，而是相互结合，以取得相辅相成的效果。

养生保健应该是一个有机的整体，且贯穿在每天的日常生活中，这样才能取得良好的效果。如果只是挂在口头上，贴在墙壁上，就是不落实到行动上，那就等于毫无用处的一纸空文。所以必须付诸行动，但光有行动还不够，还必须认真对待，持之以恒。要是缺乏恒心地零敲碎打，三天打鱼、两天晒网，当然不能取得功效。坚持有恒才能取效，正如北宋大文豪苏东坡所述："乃知神仙长生，非虚语尔。其效初不甚觉，但积累百余日，功效不可量，比之服药，其力百倍。"

我衷心祝愿，渴望拥有健康身体的人们，在懂得自我保健方法的前提下，坚持不懈、持之以恒地身体力行，延年益寿，健康之树常青，做个百岁以上的健康寿星。

之六：全国108位百岁老人的长寿经验

一、108位百岁老人的有关情况和长寿经验

据1999年底的统计，我国百岁以上者已逾万人。江苏省人口普查办公室提供的普查汇总资料（2002年）显示：全省百岁以上的老人有1198人，其中女寿星有987人。南京市现有百岁老人112名。如皋市百岁以上者有125位。

我国幅员辽阔，东、西、南、北陆地面积有960万平方公里，全国百岁以上的老人分布于各省市自治区，

笔者前后花了五年多的时间，搜集了数百名百岁老人的有关资料及长寿经验材料，其中配有照片的就有百余人之多。这108名百岁老人，是从全国各地数百名老人中挑选出来的。

这108名老人仅占全国百岁老人总数的1%左右，人数虽少，却具有鲜明的特点和很强的代表性：一是身心健康；二是耳不聋、眼不花、思维敏捷；三是生活都能自理。

这百多位百岁以上的老人生长在不同地区，其居住环境、家庭出身、工作性质以及文化程度等均有所不同，但其长寿的经验却具有以下共性：

1. 心理上豁达大度，乐观开朗。

2. 饮食上膳食平衡、荤素搭配、粗细结合。

3. 生活上起居有规律。人与人之间在生活习惯方面可能并不完全一致，但自身的起居规律是不变的。

4. 经常运动（含体力劳动）。尽管寿星们选择的运动项目并不相同，但经常运动则是一致的。

5. 爱清洁、讲卫生，很少服药。

二、关于108位百岁老人长寿经验的养生功效

108位长寿老人中，年龄最大者为116岁的林品华

（女），她是目前世界上最长寿的人（申报吉尼斯纪录并被授予世界最长寿证书）；当然，最小者亦是百岁寿星。在这些男女寿星中，除10多位有较高的文化水平外，其余绝大多数是文盲，而且多数都是出身贫困家庭，生活艰苦，很难想象他们有暇去讲究养生之道，更谈不上深研了。然而他们都获得了高寿，并能身心健康，其中的奥秘何在？总结起来一句话就是，他们的养生经验经现代研究证实都是对身心有益的。

首先，是心理上豁达大度，也就是说具有良好的平衡心态。具备良好的心态是百岁寿星们长寿的第一秘诀，正如马克思所说："一种美好的心情，比十副良药更能解除生理上的疲惫和痛苦。"

现代医学研究证实，心态良好的人其免疫球蛋白A（抗体）的数量会增加，故能提高抗病能力；同时，心态良好还能促进机体分泌有益激素、酶和乙烯胆碱等物质，这些物质能把体内的血液流量和神经细胞的兴奋程度调节到最佳状态。

其次是膳食平衡，其实质就是营养平衡。营养平衡的标准是人体需要的七大营养平衡，营养不足或营养过剩都有可能导致疾病。而这些长寿者们，在膳食上都是荤、素结合，粗细搭配，从而保证了营养的充足和平衡。营养物质是生命活动的物质基础，保持平衡的营养，生命健康也就有了物质保证。

第三是生活起居有规律。每个人的生活起居规律并不完全一致，但108位老人有着相似其自身的起居规律，如定时睡眠、定时起身、定时一日三餐，甚至定时大便。如果能终年如此，便可称为生活起居规律化。这样可以保证胃肠功能的正常，也可以使中枢神经的兴奋和抑制功能协调。从现代医学的角度来说，就是使人体生物钟正常。

第四是经常运动（含体力劳动）。常言道："生命在于运动。"运动可以疏通气血（改善血液循环）、强筋壮骨和使肌肉丰满，还有助于内脏功能的改善。尤其值得一提的是，运动可以消除大脑皮层的紧张和焦虑。巴甫洛夫说过："运动是大脑最好的休息。"因此有人把运动比作脑力劳动者的强力兴奋剂，同时又是良好的安眠药。经常从事体力劳动，同样能有这样的功效。

最后是爱清洁、讲卫生。108位老寿星都有这一良好的习惯。正因为有这样良好的生活习惯，因而有效地防止了各种传染病的发生。这一点确是健康长寿的重要一环。

三、百岁老人的长寿经验是中医养生理论的体现

中医的养生理论可谓源远流长，内容丰富，博大精深，中医养生学亦颇具特色。笔者所集百岁老人的养生经验，若与中医理论的论说相对照，其相符者甚多。如心理上豁达大度、乐观开朗，在《黄帝内经》中有"心者，君主之官，神明出焉"的论述，这是说明在正常情况下心的生理功能。《黄帝内经》又说："故主明则下（指十二官）安，以此养生则寿，殁世不殆。"就是说心理正常之人，能使所有脏腑之间功能协调。又如："恬淡虚无，真气从之，精神内守，病安从来。"这是指具有良好心态之人，精气旺盛，能抵御病邪的侵袭。所以所有的百岁老人之所以健康长寿，与其都有豁达宽大的胸怀有关。

膳食平衡这一点在《黄帝内经》中亦论述得较为全面，如："五谷为养，五果为助，五畜为益，五菜为充，气味合服之，以补精益气。"这谷、肉、果、菜，就体现一个"杂"字；每类食物都冠以"五"字，是言其必须多种。只有如此，才能满足人体所需的多种营养物质。又说："谷肉果菜，食养尽之，无使过之，伤其正

也。"这句话的意思是说：物质的来源全面了，但要有限度，如果超过了，也会伤害身体的，只有这样才能保持营养的平衡。观现代常有报道，各单位团体进行健康检查，糖尿病、高血压、脂肪肝、冠心病者呈上升趋势，并呈现年轻化，肥胖病更是屡见不鲜。所以有人说，生活水平提高了，而富贵病亦相应增多，但我们必须明确，其咎不在生活水平的提高而在饮食结构的不合理。营养过剩，便是"富贵病"的根源。

关于生活规律问题，在《内经》中只有"起居有常"一句话，却有极其丰富的内涵。现代研究发现，生活有规律的人，能保持人体生物钟的正常运转。

关于运动（含劳动）的健身作用，早在《吕氏春秋》中就有"流水不腐，户枢不蝼，动也形气亦然，形不动则精不流，精不流则气郁"的论说。三国时期，号称"神医"的华佗说："人体欲得劳动，但不当使极耳。动摇则谷气得消，血脉流通，病不得生，譬犹户枢，终不朽也。"唐代养生家兼医学家孙思邈说："养生之道，常欲小劳。"但这三说的侧重点不同。吕氏是指出运动的重要，不动则会致病。华佗则重在说明运动的功效：其一能帮助消化，使周身血流畅通；其二是有良好的防病功效。孙氏则指出运动要适度。

108 位百岁老人中，无一人是闲散懒惰者，不是经常运动，即是热爱劳动。

最后一点，爱清洁，讲卫生。这一点是防止疾病的重要一环，这一思想在《黄帝内经》中是非常强调的，《黄帝内经》有"圣人不治已病治未病"的论点。"治未病"，其实质就是"预防为主"的思想。其实际内容，包括了方方面面，不论衣、食、住、行等，都有爱清洁、讲卫生的原则。

综上所述，百岁老人所有的长寿经验在中医养生学中都有简要的论述。因此也可以说，她（他）们的所有经验，是中医养生理论的体现。

四、结语

健康是人生永恒的课题，而健康长寿，更是人们共同追求的美好愿望。所以关于健康长寿的问题，已引起国内外医学科学家的共同关注，尤其在进入 21 世纪的今天，在"人人享有健康"的伟大目标下，更是医药卫生界研究的重要课题。研究者已提出几十种甚至上百种的人体衰老学说，并试图以此进一步研究抗衰老的措施，以期能延缓衰老、延年益寿。与此同时又有不少保健食品、药品等应运而生,谓有健身防病的神奇功效,然而真的服用这些保健品而至上百岁且健康者,尚未见有报道。相反,这些百岁老人,未谙衰老学说,亦未服用任何保健品而能获如此高寿,可见这些经验中有其科学的真谛。鲁迅先生曾说过:"行之有效,便是科学。"因此,就目前来说,我们可以学习他们的长寿之道,从中汲取有益的经验,身体力行,向百岁的目标前进。

用内外因的辩证观点论调理脾胃的重要性

毛主席说:"唯物辩证法认为外因是变化的条件,内因是变化的根据,外因通过内因而起作用。"(《矛盾论》)本文试以这一光辉思想来认识治疗学中调理脾胃的重要意义。

1. 以内外因的辩证观点论脾胃与疾病发生的关系

所有疾病的发生有一个共同的根本因素,就是人体的正气不足,即所谓"邪之所凑,其气必虚"。这是中医学对于发病学的基本观点。这就是说,应当把正气不足看成是人体发病的内因,邪气的入侵是人体发病的条件。人体正气的生成来源于水谷的精气,也就是李东垣所强调的胃气、元气。因此可以说,正气就是胃气或元气。胃气和元气的盛衰,又与脾胃功能的强弱有着内在的联系:脾胃功能强则正气充盛,脾胃功能弱则正气不足，而正气的强弱又能直接或间接地影响到预防和抵抗疾病的能力，所以李东垣说"内伤脾胃，百病由生"。

2. 以内外因的辩证观点论脾胃与疾病治疗的关系

上述强调了内因的作用——正气不足是所有疾病发生的内在原因，所以在治疗上尽管有各种不同的法则，但是也仍然要围绕一个中心，即时刻注意着人体的正气，这是中医学在治疗学中的一个基本出发点，对急性病、慢性病的治疗都不能离开这一点。从内外因的辩证观点来说，也就是要始终注重内因。对一般急性病，因其正气尚未大衰，故在治疗上以祛邪为主，邪气祛除，也就间接地维护了正气。正像打仗一样，此时消灭敌人是主要的，保存自己是第二位的，因为只有大量地消灭敌人，才能有效地保存自己。如《伤寒论》中的阳明腑实证，因已热甚伤津，此时不注重救液，而是治以攻下的大承气汤，使便通热退而达到保液的目的，所以称之为"急下存阴"。这在临床上可以概称为"祛邪存正"法。对慢性病，一般认为久病多虚，正气大多不足，在治疗上是以扶正为主的，扶正即是培养正气。对待慢性病的治疗，毛主席曾指出既来之则安之，自己完全不着急，让体内慢慢生长抵抗力和它作斗争，直到最后战胜慢性疾病。抵抗力属于正气的范畴。通过扶正，使正气不断增强，正气盛自能战胜邪气。如治疗具有脾虚症状的肺结核，有不用抗结核药物而用"培土生金"法治愈者。岳美中老医生曾述及一老中医治疗一名肺结核的青年，肺结核兼脾虚泄泻，治以六君子汤加味，始终坚持，服药364剂而告愈的例子。临床上治疗慢性病并采取类似这种意义的治法，可以概称为"扶正祛邪"法。不论存正或扶正，总之都是以重视人体的正气为出发点。所以明代张景岳说，"从未有正气复而邪不退者，亦未有正气竭而命不倾者"，要言不繁，深得治病扶正的要领。以下着重谈一谈治疗内伤杂病调理脾胃的问题。

（1）治疗内伤杂病为什么要重视脾胃？重视脾胃，实际上就是重视正气的扶养，也就是重视内因的作用。从脾胃的生理功能就可知脾胃对整个人体的重要作用。《内经》早就指出："脾胃者，仓廪之官，五味出焉"，"谷气通脾"，"胃者水谷之海"，"五脏六腑皆禀气于胃"。华佗在《中藏经》也说："胃者，人之根本，胃气壮，五脏六腑皆壮也。"由此可见，脾胃是受纳水谷、运化水谷精微以滋养其他脏腑的重要器官。故李中梓认为"脾为后天之本"。他说："后天之本在脾，脾应中宫之土，土万百物之母。"总之，脾胃虚易致正气不足，即导致防御功能的不足，往往因此而引起疾病。故徐春圃、吴昆等提出了"治病先顾脾胃"和"治杂病者宜以脾胃为主"。李中梓对此更作了形象的比喻，他说："胃气犹兵家之饷道也，饷道一绝，万众立散；胃气一败，百药难施。"以上各家论述使我们深刻理解了治疗疾病要重视脾胃的原因。

1）为了增强抵抗力，加速疾病的治愈：临床上有不少例子足以说明这一点。通过对脾胃功能的调理，使脾胃功能恢复，正气得以不断增强，正盛自能战胜邪气。如肺结核、慢性肾炎、慢性肝炎等的治疗，除了针对本病进行治疗外，结合调理脾胃功能，往往能起到提高疗效、巩固疗效的作用。

2）为了保证药物能发挥应有的效能：这一点应从脾主运化功能来理解。要将纳入的食物变为人体的营养物质，有赖于脾胃的消化吸收；要使药物起到治病的作用，尤其是口服药物，同样要像食物进入人体那样，也必须经过脾胃的消化、吸收并传输到全身，才能发挥其应有的治疗作用。如不注意脾胃，只顾治疗上的需要，即使药物完全对症，也起不到应有的效果，甚至完全无效。例如一肾结石患者，开始自服治疗泌尿结石的验方42剂，肾排石汤20余剂，经X线照片复查与未服药前比较毫无变化，且时有剧痛，非注射哌替啶不能缓解。从患者所服排石汤的药物来看，其中有排石的，有清热利湿的，有清热解毒的，亦有补肾的，如果单从肾结石的治疗来说本是无可厚非的，但何以服60余剂药而疗效不显？其关键在于患者兼有脾虚失运，故虽药证无误却不能收到应有的效果。正如吴鞠通所说："正虚不能运脾，不运则死。"为此，照顾脾阳的健运，仿黑地黄之意，处方：炒熟地黄12g，苍术、白术各10g，茯苓12g，山茱萸10g，郁金10g，金钱草15g，海金沙12g，石韦15g，冬葵子10g，牛膝15g。服10剂后，大便成形，每日1次。随后再服排石汤，所用之药亦不出乎患者自服药物的窠臼，不过30剂竟获痊愈，X线拍片，已不见结石。这一病例说明，治疗中注重脾胃才能充分发挥药物的作用。

（2）治疗内伤杂病时怎样重视脾胃？治疗杂病时应重视脾胃，从原则上讲已是无可非议，在具体应用上却有所不同。有人以为重视脾胃即在处方中加人参、黄芪，或人参、黄芪、白术、甘草。笔者认为重视脾胃的调补固然是重要的一环，但仅仅补脾胃或升阳益胃，未免带有片面性，因为补脾胃只适宜于脾胃本虚者，或在兼证中见有脾胃不足者。故较全面地重视脾胃，还应注意以下几点。

1）主动调和脾胃：在治疗慢性病时，在患者尚未出现脾胃功能失调时，便应考虑顾护脾胃，尤其是胃气。胃气以通和为贵。清初叶天士常以"二陈汤"加减，掺杂于治疗内伤、外感的方药中。但用它并非为了化湿除痰（此时用量宜轻），而是调和胃气。

2）防止损伤脾胃：若用大苦大寒的药物，如龙胆草、黄连、黄柏、芦荟等，一般不宜久用，用量亦不宜过重，因苦寒药最易败胃。若必须久用，则要配伍保护胃气的药物。如治遗精的封髓丹重用了黄柏，便伍以砂仁、甘草；又如峻下逐水的十枣汤中用大枣；西药中有不少裹以糖衣者，在中医看来亦是为了防止胃气的损伤。

3）注意呆滞脾胃：在用补剂时必须注意补而勿滞，只有这样才能久服无弊。如补中益气汤在补气药中加理气药；养阴生津的麦门冬汤加化湿和中药；用阿胶、熟地黄时加用蛤粉、砂仁等。

总之，治疗内伤杂病要时时顾及脾胃之气，防止脾胃之气的损伤，力求有利于正气的增长，充分发挥内因的作用。

3. 重视调理脾胃的临床体会

例1：低钾血症

患者，男，40岁，工人。1969年8月4日初诊。

两个月前四肢发麻，尤以两足为甚，麻甚时不能自主而仆地。经西医检查确诊为低钾血症。曾多次注射氯化钾，口服钾盐。治疗后立能轻减，唯逾时则依然。转至中医院门诊治疗。就诊时四肢仍然麻木无力，手部尤以无名指为甚，不利屈伸，食欲不振，二便尚正常，苔白腻，胸闷口黏。当时以四肢麻木为主症，据《内经》"营虚则不仁，卫虚则不用"的理论，认为营卫俱虚，气血不足，治以补气益血、和营通络，如党参、白术、当归、白芍、桂枝、牛膝、丹参、薏苡仁、丝瓜络等，经服药9剂，麻木未见稍减。于四诊时细询其起病初期情况，据云肢麻与胸痞口腻是同时发生的，故改用化湿和中之药，以利脾胃之运化。处方用平胃二陈汤加减，药选苍术、厚朴花、藿香、佩兰、陈皮、姜夏、云茯苓、生薏苡仁、熟薏苡仁、川桂枝、丝瓜络。服3剂后，苔腻稍化，肢麻微有好转，再以前方继服，加重苍术与厚朴花用量，再加伸筋草、牛膝，服3剂后舌苔前半已化净，根部稍腻，四肢麻木已基本解除。即以前方稍事出入，服15剂，苔化净，肢已不麻，食欲好转，精神亦佳，复查血钾，已恢复至正常值。再以健脾理气化湿轻剂，以善其后。

例2：骨结核兼关节炎

患者，男，33岁，黑龙江讷和县第四中学教师。1969年12月18日初诊。

在20岁时曾患过多种结核（结核性脑膜炎、胸膜炎，尾椎骨结核），都已经治愈。于今年9月份又觉腰部疼痛，转侧不利，至11月份更觉严重，艰于步履。起病后曾在黑龙江某医院检查，诊断为骨结核，但治疗两个月有余，未见效果，因其兄在南京师范学院任教，转来南京治疗。来诊时腰部仍然疼痛呈佝偻状，步履不便，检视十二胸椎、第一腰椎明显突出，按之疼痛，两膝关节亦疼痛，并不红肿，遇寒阴雨则剧。食欲不振，食后作胀，口腻胸痞，并不口渴，夜不安寐，梦多，苔薄白而腻，脉象濡软。根据其腰膝疼痛、遇阴寒则甚的证候，认为用以阳和汤加减较为对症，但以其又伴湿阻中焦、脾胃运化失常的症状，所以决定先用藿香、厚朴花、法半夏、陈皮、炒麦芽、南沙参、炒竹茹等化湿和中，以理脾胃。同时，以生鸡内金粉每服1.5g，每日2次，饭前1小时吞服；并于临睡前2小时服酸枣仁丸10g（酸枣仁、柏子仁、合欢花、首乌藤、甘草、五味子、朱砂。此为江苏省中医院协定方）。上方服5剂后，患者食欲大增，夜寐亦安，苔腻化，脉转有神，此系湿化胃气来复，即以阳和汤加减治之，方用熟地黄、净麻黄、白芥子、川桂枝、炒白芍、鹿角胶、牛膝、狗脊、陈皮、炒麦芽。仍用鸡内金粉每服1.5g，每日改为1次。服5剂后腰膝疼痛减轻，行走较便，唯呈两足较冷、肾阳不足之象。于原方中加附子、黄芪、当归，同时外用艾绒置纱布内缝好，护腰膝部，扎好。此方连续服用半月，腰膝痛已止、胸腰椎突起已平，行动自如。为巩固疗效，再以汤剂改为丸剂，每服10g，每月2次，两个月后痊愈返家。

例3：阳痿

患者，男，36岁，来自江苏省五七干校。1973年8月20日初诊。

阳痿2年，遍服补养温肾药，如补肾丸、三肾丸（以狗、羊、牛睾丸粉为丸）以及其他壮阳药，均无效果，忧虑重重。视其形体尚无病容，唯自觉精神不振，平时食欲不旺，有时腹胀便溏，舌质淡，边有齿印，脉软弱，证脉合参，显系脾胃不足，气虚生湿，湿蕴而阳气阻遏不宣，而致阳痿不举。其肾阳不足由乎湿，非阳之本虚也。治以健脾和胃为主，化湿渗利为辅。药用党参、白术、山药、薏苡仁、泽泻、赤白苓、陈皮、煨木香、车前子、干荷叶等。服5剂后，食欲好转，腹胀便溏已止，唯阳痿依然。再以原方加淫羊藿、补骨脂，再服5剂后，阳痿略有好转。续与原方，另加红参30g，研细末，每服3g，夜晚服1次，10剂后情况大有好转。嘱其暂禁房事，汤剂再服5剂，同时以该方制丸，配两个月量，以巩固疗效。

以上三例的治疗，可以说明调理脾胃在治疗杂病中是一个重要环节。如例1的低钾血症，由于湿阻中焦而致脾胃功能失常，用平胃二陈汤后，使湿化后脾胃功能恢复，这就促使内因发挥了作用，没有用补钾疗法，而使血钾恢复了正常。例2的患者体质是虚的，突出表现为肝肾两虚，阳气不足，但由于他伴有食欲不振、食后作胀、口腻胸痞等湿阻中焦的现象，要是进补剂便有呆胃助湿之弊，故先用化湿和中，使湿化胃和后，再进阳和汤加减，取得了较为满意的效果。且在前后所服方中始终加陈皮、炒麦芽，这又是防止呆滞胃气的措施。例3 阳痿症，因其脾胃不足、气虚生湿的症状明显，故亦不急于治阳痿，而是首先考虑补其脾胃，使气旺湿化，而后加淫羊藿、补骨脂等助阳药，以起到兴阳的作用。

以上3个病例，证候完全不同，故应该用不同的方药来处理，但在具体治疗中又有其共同特点，即时时顾及脾胃。在脾胃功能未复时着眼于调治脾胃；在脾胃功能恢复后，又处处保护胃气；在用补药时不忘防止呆滞胃气。吴昆所说"治杂病者，宜以脾胃为主"，确为经验之谈。如果以内外因的辩证观点来说，就是充分注意内因，调动人体自身的积极作用。

论补药必佐宣通

叶天士《临证指南医案》在痹症类治疗吴姓案中有:"初补气血之中,必佐宣行通络之治。"又在胃脘痛门治戴姓案曰:"通补则宜,守补则谬。"所谓"通补",即补中有通;"守补"即是壅补,壅补则有碍胃之弊。此语虽是在治痹、治胃脘痛中讲到,但实际上具有普遍指导意义,启示医者应用补法补方时不能纯补,必须在补药中配合宣、通的药物,才能久服无弊。

应用补剂常有两种偏向:一是迎合有些患者喜补的心理,盲目用补;二是医者不善用补,前人称之为"蛮补",也即指用补药不知佐以宣通之理,结果虚证未除而复起他症者有之。

在补药中佐以宣通之品,前人在创制补方时都很注意。例如在补气方中配行气理气的药物,如参苓白术散中用砂仁,补中益气汤、五味异功散中用陈皮等。气虚证一般脾胃气虚者居多,脾胃气虚则运化功能不足,若单纯补气则补而不化，反生胀满，所谓虚不受补，即指此而言。若用补气药配以行气理气之品，则补而不滞，便无胀满之虞。昧者不知，用补中益气汤或参苓白术散竟去陈皮、砂仁，是不谙用补药必佐宣通之义。补气方中必佐宣通，补血方亦复如是。如四物汤是补血的代表方，其中川芎不是补血药，而是活血行气药，四物汤中所以用川芎，就是取其活血行气之功，通畅气血，使补而不滞。又如补益心脾的归脾汤，方中既用补气的参、芪、术、草，补血的当归、龙眼，又用了一味行气的木香，且木香的用量与党参相等，超过当归、甘草的1倍，意亦是使其补而不滞。张石顽曾说："此方（指归脾汤）滋养心脾，鼓动少火，妙以木香调畅诸气。世以木香性燥不用，服之多见痞闷或泄泻减食者，以其纯阴无阳，不能输化药力故耳。"

补方之配伍如此，用一味补药亦同样如此。例如用当归同茴香拌炒，用熟地黄同砂仁拌炒，用阿胶同蛤粉拌炒等。从以上种种来看，"补药必佐宣通"的论点是总结了用补的规律。

临床上若用补不当，或用补而不佐宣通，往往贻害甚大。兹以徐灵胎医案一例为他医蛮补而几乎致死的病例：

苏州府治东首杨姓，年三十余，以狎游私用父千金，父庭责之，体虚而兼郁怒，先似伤寒，后渐神昏身重。医者以为纯虚之证，惟事峻补，每日用人参三钱，痰火愈结，身强如尸，举家以为万无生理。余入视时，俱环而泣。余诊毕，又按其体，遍身皆生痰核，大小以千计，余不觉大笑，泣者尽骇。余曰："诸人之泣以其将死耶？试往府中借大板重打四十，亦不死也。"其父闻之颇不信，曰："如果能起，现今吃人参费千金矣，当更以千金为寿。"余曰："此可动他人，余无此例也，各尽其道而已。"立清火安神极平淡之方，佐以末药一服，三日而能言，五日而能坐，一月而行动如常。平淡之方，佐以末药一服，三日而能言。五日而能坐，一月而行动如常。其时牡丹方开，其戚友为设饮花前以贺，余适至，戏之曰：君服人参千金而几死，服余末药而愈，药本可不偿乎？其母舅在旁曰：必当偿先生，明示几何？余曰：增病之药值千余，去病之药自宜倍之。病者有惊惶色，余曰：无恐，不过八文钱买蒟子为末耳。尚有服剩者，群取视之，果蒟子也。相与大笑，其周身结核，皆补住痰邪所凝成者，半载方消，邪之不可留如此，幸而结在肤膜，若入脏则死已久矣。

　　按此症本系郁怒伤肝，肝木生火，痰气凝结，治法当以清肝化痰为主，而医者不知，认为纯虚，而以人参峻补，痰火搏结，遍体皆生痰核，此治之误，一误于辨证之讹，再误于一味蛮补，几置人于死地。徐灵胎用卜子为末，实亦宣通之功。

论"胃喜为补"

"胃喜为补"之论，见于叶天士《临证指南医案·虚劳门》治钟姓的医案中，其案写道："少年形色衰夺，见症已属劳怯。生旺之气已少，药难奏功，求医无益。食物自适者，即胃喜为补。扶持后天，冀其久延而已。"

"胃喜为补"的论点很朴实，耐人寻味。虽见于虚劳门，但并不局限于虚劳患者。在慢性病的调治过程中，对饮食物的选择都应以这个观点为指导思想。

有病谈到补，一般人总认为是不差的，以为大凡鸡蛋、牛乳、豆浆、甲鱼之类，吃些总是有好处的，至于胃喜不喜，却很少考虑。如果补而不效，则又以为是"补得不够"，仍很少考虑补品对于他合适不合适。这就是不懂得"胃喜为补"的道理。

"胃喜为补"之意，就是叶天士说的"食物自适"。食物选择应适合患者的口味，吃下去舒服，这就是"胃喜"。反之，则叫做"胃反"。是不是可以这样讲：凡是"胃喜"的食物，一是患者身体需要，二是易于消化吸收。补品只有在这种情况下，对患者才是有益的。

笔者在临床上常见胃不喜而盲目硬补，非但无益、反而有害的例证。一患者系淮南煤矿工人，因肝炎缠绵2年未愈来诊，面黄神萎，肝功能异常，因屡治未效，颇为焦虑，其脉左细弦，右濡，舌苔白厚而腻，自觉口黏，寐不宁且多梦。当时以为病虽在肝，但脾虚甚重，健运失司，脾病及胃，胃不和则寐不安，故拟以化湿运脾、和胃安神为治。但观其病历，此法前已用过，亦云无效。于是，进一步询其饮食。告曰：每日晨起必进半磅牛乳，鸡蛋2个，中午饮糖汤一次、糖30g，已成常规，佐食之菜亦是鱼、肉、鸡相间。但不唯不效，反身体日瘦。问：这样进食，舒适如何？答：如按心情，一点不要吃，吃下去每泛泛欲呕。至此，症结已明：此病者已属湿困脾虚，而又强进甘肥，致令中更满、湿更胜，故虽进健脾化湿药而未能取效。于是，按叶天士"胃喜为补"之意，嘱其暂时停服乳、蛋、糖，食以清淡为宜，药服2剂。复诊时舌苔腻稍化，口黏亦轻，精神好转，仍守原方服15剂。三诊时苔腻化，口黏除，已知饥欲食，夜寐亦安。后转以肝炎辨证论治，前后调治3个月，肝功能恢复正常，回矿工作。

近有报道称：过去认为大量服糖可增加糖原，有保肝作用。但近来实验发现，过量食糖，除一部分转化为糖原外，多余者可发生糖原异生作用，转为蛋白质、脂肪。这个过程实际上增加了肝脏负担，不利于肝病的治疗。此外，糖酸败胃，会影响和降低食欲。又有报道称，过分增加营养，热量过多，可以形成脂肪肝。

临床证明，不仅肝炎患者，其他如慢性泄泻、慢性贫血等，亦有许多盲目进补者。殊不知"湿胜则濡泻"，贫血也有属脾胃气虚者。当湿邪未化，脾胃气机不旺时，如强行进补，非但无益，反而更助湿邪为害，因此，当感到体虚欲补之时，应想到机体内部有无接受补益的条件。这条件就是：舌苔不腻，口不黏，胸不闷，有饥饿感，食后不胀。如无此条件，应先创造之，然后适当进补，才能收到预期效果。笔者在临床上常与患者论及此意。

"胃喜为补"的论点，可说是"脾胃为后天之本"的引申，对于指导临床确实具有重要的意义，故敢告同道，以求指正。

我的导师孟景春

马丽春

孟景春教授是我读研究生时的导师,全国名老中医之一。和杨振宁同年,1922 年生人,今天早晨去世(2017 年 10 月 28 日)。告诉我消息的人,是在美国行医的学兄半夏。他曾经留校当过老师,消息应该很可靠。

想到今天是重阳节,而孟老却走了,不免有点戚戚然。但一想到孟老毕竟活到了 95 岁高龄,这样的年纪也是喜寿了。

我和孟老失联已一年有余,早就预料到老先生会有这一天。

一年前,我写孟老的一篇文章有杂志发出来,就想给他寄一本去,没想到电话打不通。后来有人告诉我,孟老生了场大病,被子女接回老家去了。

2014年我和孟老通电话通信都好得很。他的声音依然那么好听，听力也好，写的信（字）小而清晰，让我佩服得很。我一生最敬重的两位老师，一位就是他；另一位是我大学时的中药老师，西泠印社五老之一、著名学者林乾良先生。两位老先生都是励志哥，无论为人处事还是行医做学问都是我的榜样。

我跟孟老读研，是1986年到1989年间的事。他那时候年纪并不算大，还骑自行车，精神很好，一头白发，蛮有学者风度。谦和、低调、勤于治学是他一生的主基调。南中医是全国四所老牌中医高等学府之一，也是全国最早有博士点的中医学院（现名"南京中医药大学"）。我读研时南中医还有很多名老中医，孟老在一群老中医中名气不算最大，但他似乎也从不渴望名气。

因为读的是中医研究生，跟导师抄方乃是必然。我和其他研究生一起跟孟老抄方，每周两三次，通常半天他也只看二十来号病人，已经把时间看得很满了。他看病看得很认真，看病间隙还抽空和我们谈谈病例。如果碰到棘手病人，说吃了方效果不太好的，孟老便也很诚实地说："待我回家后翻翻书想想办法。"他回家后必然要翻书，复诊时再换一种思路。遇到有意思的病例和想法他会记下来，甚至会半夜爬起来补记笔记。他一生著述甚丰，就和这种勤奋分不开。

别的研究生如何我不知道，但我是很少上导师家门的，因为不知道说什么。只记得去过有限的几次，还是和同学一起去的。临毕业时请孟老给我写过一纸介绍信，是给安徽中医学院的一位副院长，他的早年学生。介绍我时，孟老写上一句："有一定的写作能力。"

孟老用语很谨慎，和他为人一样，绝不夸大其辞。现在看那些学生毕业写的自荐书，是不可能再用这样的语言了——宁可夸大，不可自谦，这也是时代特色。

时光走得很快。我在医院只待过几年很快便去了纸媒，在新单位一晃也有二十几个年头了，1989年出生的女儿都已出版几本小说集了，我自己也把一只脚伸进了书画圈，2014年底我出了一本小书《画画这事儿》，出来后便想着给孟老寄一本，顺便讨他一张字。我记起来他似乎也是喜欢写字的，且写得不错。

想到就做。我很快用毛笔写了一封有点雅致的信，夹在书里寄给孟老。未几便收到孟老的回信，回信写于2014年11月24日。信中小字密密麻麻，抬头便是"丽春，您好"，这样的开头，真是既儒雅又亲切。信中说，

"我自退休迄今，基本上做三件事"：一门诊，一周三次；二在诊余写写书稿，以中医科普为主，这十几年来平均一年出两本书；三，有时应电视台邀请，做点中医养生保健讲座。

随信他寄上两张字并一本新书，《中医就有这么牛——中医大家孟景春治疗疑难杂症的故事》（湖南科技出版社 2014 年 8 月出版）。两张字，一张"翰墨生香"，一张"书画养生"，字写得苍劲老辣，很有风骨。

收到快递时，我还没来得及给老师打电话，孟老的电话已追过来了，老人家听力很好，声音悦耳，思维敏捷，让我大吃一惊。孟老在电话中说，想讨我一张画作为纪念。

听同学说孟老前些年把诊金收入七十万捐了出来给学校做奖学金。当时听了便很感动。但孟老在信中却只字未提。我当时在朋友圈里把孟老事迹及寄我的书、信、字各晒了一晒。作品落款处有"师竹斋主人"字样，有人眼尖，一眼看到后便留言说，他愿意给孟老画一张竹子。他说"师竹斋"应该和竹有缘。这人是谁呢？他是"江淮一枝竹"黄小舟先生。我去取竹子时，另有一位书画家名叫白生光的，也主动说他来给孟老写一幅字吧。我自己则挑了一张山水小品,并《白马集》(我和台湾地区老记者吴心白先生的合集)和《现代阿Q》(吴心白著,我帮他在合肥付印)各一本,连同一竹一字一同寄给了孟老。

寄出画作和书后很快又收到孟老一件快递,内有几本书。孟老在信中说:

"收到快递,打开一看,原来是我在《画画这事儿》一书中,我所想看的《白马集》,又额外看到《现代阿Q》。此外又有您画的一幅画,还有一幅竹子和一幅书法,真是大丰收,在此表示衷心感谢,我将作为珍品收藏。可惜我不会绘画,但是很喜欢画,不时拿出欣赏,亦可陶冶心情。最近新华社一位女编辑冯莉,她在我门诊时前来采访,要我谈谈中医养生保健问题,临别赠我《江山多娇三字经画册》,可以说图文并茂。您是这方面的行家,我转赠于您,这就算借花献佛的意思。另一本也是最近出版的《医集》,您现在虽不做医生,但可以作为纪念品,还有最近再版《生活中的中医》,是一本保健防病的科普书,很受读者欢迎,初版后重印十五次。此次再版,并新增了一点新的内容,您可以作消闲品……

孟老信中所说的《医集》，是指湖南科技出版社2012年5月出版的精装本大16开《孟景春医集》。孟老时年90岁。这本《医集》相当于书画圈的"大红袍"，有很多老照片，有四篇序，还有孟老自己写的前言和书法作品，意义非同寻常。正是这本《医集》，使我对孟老的了解更进了一步。

20世纪八十年代后期我虽然做过孟老三年研究生，可对导师的了解还真是浅得不能再浅。想想都惭愧。《医集》封面有孟老自己写的一幅字，"老骥伏枥，志在千里，烈士暮年，壮心不已"，这也正是孟老自己内心精神的写照。书内有两幅孟老书法，是自咏诗两首：自咏（一）："从医从教数十春，自惭学浅业未精；跻身杏林无建树，愧对先师张仲景。"自咏（二）："白发红颜具雄心，勤于动脑手不停；晚霞夕阳无限好，何必惆怅近黄昏。"这两首诗，读来令人感动。谦虚、勤奋、精进不已且有自省精神，真良医也。

孟老是江苏沙洲县人（即今张家港市），幼时父母双亡，由伯父养大，小时条件非常艰苦。由于父亲行过医，他对中医有天然的亲近感，再加上他的古文功底好，从小便立志行医。18岁时他拜于当地名医汤礼门先生（沪上名医丁甘仁的弟子）门下，白天跟老师抄方兼做杂活，晚上自修并琢磨白天医案，如此四年，学成后返乡开业，很快便小有名气，被当地百姓称为"孟先生"。因为医术好，再加上时有文章（中医心得之类）见诸报端，孟先生的名气很快便被传开。不久后江苏中医进修学校（南中医前身）招生，孟先生考中第二批进修生，毕业时因成绩优秀而被留校任教。和他同时代的一批中医，有周仲瑛、孟澍江、陈亦人等，这批人成就了南中医20世纪的辉煌。

现在的中医很少还有那么一种仁人之心，看个病开几味药只需几块钱的时代也早已翻过了旧篇章。不开上几十味药、以大军团作战方式开方的中医还有几个呢？

孟老90多岁时还在南京城里看病。据他当中医的外孙说，外公开方不但诊金低，药方也简单，没有贵药奇药，用到贵重药必然是无可替代的时候，一张处方12味药左右，约10元一副，这个传统他保持了几十年。没有被西医的实验研究改变过，也不受任何经济利益的影响。

几年前，当有学生挂号费都已上调到100元的时候，孟老挂号费还是初诊20元，复诊15元。外孙问他为何不上调，孟老说，现在的挂号费已经很高了，而且中药也比以前贵很多，不应该再增加病人的负担。他说老中医朱良春也还是15元一个号，民国时名医章次公的诊金甚至低于一般医生。他的结论是，诊金不能反映一个医生的真实水平。

这位朱良春，生于1917年8月，比孟老大5岁，2015年12月14日因突发肺栓在南通市中医院去世，享年98岁。他师从章太炎，是现代中医中最有名气的一位，一生活人无数。我做中医时便是他的粉丝，买过他的医案。他在中医界德高望重，弟子门生无数。孟老医案中序一的作者便是这位朱良春，写序时年高95。"老友孟景春教授，早年拜孟河医派丁甘仁先贤之门人汤老为师，学成后在乡里行医，名闻遐迩，继又深造于江苏省中医进修学校（南京中医学院前身），毕业时，因成绩优异而留校任教，为新中国中医教材《内经》学奠基人之一。长期以来，勤奋治学，医理甚深，诚挚待人，谦谦君子也……"

孟老的确是谦谦一君子。自己生活极其简朴，不烟不酒不杀生，素食为主，用过的水则循环再利用，也很少买衣服，住的是学校分配给他的旧房子。2007年，他拿出20万元积蓄要捐给家庭困难品学兼优的学子，这20万元钱，竟是由17本新旧不一的存折凑成。据当时帮助成立奖学金的南中医教务处唐德才处长回忆，孟老当时对奖学金只有两个要求：第一，奖学金一定要用来奖励热爱中医、品德高尚的学生，他不要求学生回报，只要求他们在课余时间能跟他抄抄方子，早点接触临床；第二，奖学金不可以用他的名字命名。最终奖学金命名为"树人奖"。2013年，孟老复又拿出50万元，在学校设立中医"耕耘奖"，以此奖励优秀的临床授课老师。

孟老的事迹应该有很多。比如他九十多了还坐地铁看门诊。他是中医教授，也是著名的养生专家、科普作家。他对中医非常自信。他自己在50多岁时发现血压升高，眼睛近视加深，便开始服用杞菊地黄丸和金匮肾气丸，一吃便达20年之久。没点自信做不了这事。二是他看病很执着很认真，不看完最后一个病人绝不下班。有时候从上午看到下午三点，跟他抄方的学生早饿得跑出去买饭吃了，但孟老还在看病。他的解释是，中医有个道理，吃了饭脑子就动得慢，所以要看完病人再吃饭。

孟老经常对人说，不要给后代留钱。他说后代如果有本事，你留的钱就没有意义；如果后代没本事，这个钱不但留不住，反而会给他们带来祸害。

这句话，我后来说给很多人听。很怀念和孟老通信的日子。

写于 2017 年 10 月 28 日

马丽春：医学硕士，高级编辑，媒体人，书画修行者。

杏林枝损　莲池上新

——缅怀我的外祖父孟景春

景天驰

秋天是收获的季节，也是叶落归根之时，三天前外祖父孟景春的追悼会在家乡张家港市举行，是日天高云淡，场面隆重庄严，外祖父的一生圆满谢幕，之后火化安葬在老家，老人家辛苦了一辈子，终于入土为安。

外祖父去世这些天来，我一直在回忆和老人相处的点点滴滴，他的音容笑貌犹在眼前，多次开车时哽咽欲泣，外祖父对于我来说有着多重的身份。首先，他是我中医的启蒙者，我从小就目睹耳闻他看病的杰出疗效，所以我对中医的疗效从未有过怀疑，这是我决心学中医的最初原因；其次，他是我的中医老师，我在大学期间跟随他抄方学习中医临床，探讨中医理论，为我一毕业就有信心看诊奠定了基础；最后，他是我生命中的丰碑，外祖父的德行不管是为医为师为长者都值得我终生仰望，"虽不能至，然心向往之"。

这些天来接触了外祖父生前的不少学生，我自2002年大学毕业后和外祖父的联系并不多，他们向我讲述了外祖父近年来的看诊带教及生活状况。近日来我还反复观看了关于他的两部纪录片，微信朋友圈也有很多学生缅怀外祖父的文章。外祖父的形象在我的脑海中愈加丰满完整，他严谨治学、医者仁心、淡泊名利、生活节俭，同时乐善好施、思想开明，是良师，是仁医，是慈祥的长者，也是一位可爱的老人。现在事情告一段落，我也可以安下心来写写我的外祖父，一位"平凡而伟大"的老中医。

一、为医者

外祖父行医七十载，生命的大多数时间都是在治病救人，中医事业已经融入了他的生命，以致他前年起因生病体弱无法再给人看病时，他就觉得活下去没有了意义。

先论医术，外祖父在中医治疗方面重视脾胃中土，用药"中正平和"，用的都是些极平常的草药，很少用动物药、贵重药、苦寒药。自古就有很多医家看病以

"脾胃"为核心，代表如金元之李东垣，其实有着很深的理论依据，《黄帝内经》提到"脾者土也，治中央，常以四时长四脏，各十八日寄治"，"脾气虚则四肢不用，五脏不安"，这就给从脾胃论治五脏及全身疾病提供了依据，而实际效果也是很好的，据外祖父生前学生患者说，治病效果总体在七成以上，常常以"平淡显神奇"。

再谈医德，这是令人景仰赞叹的，外祖父真正践行了孙真人的大医精神，"凡大医治病，必当安神定志，无欲无求，先发大慈恻隐之心，誓愿普救含灵之苦。若有疾厄来求救者，不得问其贵贱贫富，长幼妍媸，怨亲善友，华夷愚智，普同一等，皆如至亲之想"。外祖父从来都是把病人的利益放在第一位，开方除了有效外还尽可能便宜，从不以医谋利，对病人的态度极温和，很多病患说只要坐在孟老身旁就感到舒服多了，如沐春风，这是"医者仁心"的感染力。

二、为师者

外祖父于1957年毕业于江苏省中医进修学校（南京中医药大学前身），后留校任教直至退休，退休后虽然课堂授课少了，临床带教却从未间断，培养了一批批年轻中医人才,可以说"老师"这一身份也伴随着外祖父的一生。古语"经师易得,人师难求",外祖父教学成绩斐然,做人堪为师表,为校内外师生共仰。外祖父对待学生如自己的子女一般,在学术上从不保守,只要学生肯学,辨证用药经验都是和盘托出的,我坦言:外祖父没有任何秘方留给自己的后人。外祖父教育学生很少空洞的说教,而是用言行实实在在去感化他们,如春雨之"润物细无声",相处日久自然为其言语德行所化,这种师教也是最高明的。外祖父从不要求学生的回馈报答,学生哪怕送一点点礼物,外祖父都要回敬答谢,如果是贵重之礼是坚决不收的。对于热爱中医的学生,外祖父会全力支持帮助他们,不求回报,即使有些学生辜负了他的期待,我也从没有听到过他对任何学生的任何怨言,这是夫子所说的"恕"德,外祖父永远都是严以律己、宽以待人。如果说外祖父对学生有一点点小小的要求,那就是希望他们继承发扬中医事业、为更多的百姓解决病苦。

三、为亲者

我很小的时候母亲(外祖父的长女)就对我说过:外公对待学生和子女没有差别,甚至好过子女。待我读大学学习中医时，感受到这是真实的，外祖父从未要求学校对我有任何特殊照顾，对于我的学习情况也不甚关心，说实话当时我是有怨言的，若干年学习传统文化后才逐渐理解他。外祖父对子女的近乎无情是真正的爱，他要求子女自力更生、自谋发展，他常说："为子孙留财，不如为子孙留德。"他一向没有为子孙留财的打算，但他所做的一切善事是留给子孙最大的财富，这是严父的大爱。对待患者、学生如同家人，这是大慈悲心，"无缘大慈，同体大悲"，没有分别心，正如已故文化名人南怀瑾的儿子形容南老的，"视天下人为子女，视子女为天下人"，外祖父真正做到了。外祖父也从不要求子女对自己如何孝敬照顾，直至93岁生病前都是和子女分开生活，没有特殊情况从不麻烦子女孙辈，但他对于我的母亲一直是关心的（母亲2000年生病）。今年夏天我去看望老人家时，他已经躺在床上无力起床了，但他还是询问我母亲的身体情况。这次生病住院他一再要求不治疗，我给他煎熬的中药也拒绝服用，其实我明白他是不愿再拖累自己的子女，因为几个舅舅的身体都欠佳，这时外祖父尽显父亲对子女的关爱，不惜缩短自己的生命。

四、为己者

外祖父视患者犹亲人,对学生如子女,那对于自己又是如何呢?我感受最深的有三点。

一曰"谦"。已故国医大师朱良春老先生曾评价外祖父:"孟老是谦谦君子。"此言不虚,外祖父从不向患者吹嘘自己的看病效果如何,经常有患者问他这个病能不能治好,外祖父通常的回答是"试试看","吃几副药试试"。遇到疗效不好的患者,外祖父会对患者说:"让我回家再翻翻书,再想想办法。"实事求是,不夸海口吹嘘,毫无大牌专家的"派头",这种谦卑心反而赢得了患者的尊重,也触动了跟随抄方的学生。

二曰"节"。外祖父在生活方面做到了有节制,既不禁欲,也不纵欲,如饮食方面是荤素搭配,以素为主,早晚都是清粥小菜,晚餐小酌以温通血脉。即使亲友聚餐,再美味的食物也不超过三筷,饮酒也不过一、二两。外祖父每晚看《新闻联播》有几十年了,其他电视很少看。他的生活极有规律,早睡早起,除了出门诊应酬,每天吃饭、散步、看书、写作的时间基本是固定的。外祖父晚年自号"师竹斋主人",而竹子的象征就是"节"。《中庸》曰:"发而皆中节谓之和。""节"

体现的即是中和之道，这也许是他几十年行医生涯的所悟所感吧。

三曰"俭"。外祖父的节俭真的是无所不用其极，我们亲人有时都觉得心疼，一件衣服可以穿上几十年，一双几十块钱的皮鞋竟也穿了好多年。外祖父晚年视力不好，一直是泡枸杞水喝，泡过的枸杞晚上煮稀饭，最后咀嚼吃掉。家中的洗澡水会继续盛在浴缸内，用这个水冲马桶，洗脸水也是如此。饮食是极少有浪费的。学校分配的老房子一住就是30多年，家具依旧是20世纪80年代的。外祖父真正做到了物尽其用。俭者，简也、减也。老子曰："大道至简"，"为学日益，为道日损"。中国人自古就尚"俭"，古今圣贤无不行持"俭"德，这样做不仅是惜福，也是追求永恒的大道。

五、为善者

行医治病救人本就是善业，外祖父看诊坚持低诊费小处方，非不得已不用贵重药，经常减免贫困患者诊费，可谓"善中之善"。除看诊行善外，外祖父还乐善好施，一生捐赠颇多。外祖父于2007年捐款20万元成立中医"树人奖"资助品学兼优的中医学子，2013年捐款50万成立中医"耕耘奖"奖励优秀教师，其中第一笔20万是由17本不同的存折凑成的，不禁令人潸然。其实外祖父的捐助还远不止这么多，听母亲以前讲过，外祖父年轻时就乐于捐助，修桥铺路要捐，建学校要捐，地震水灾要捐，前几日外祖父生前学生还和我说起外祖父有一次看到《扬子晚报》上有捐助贫困学生的倡议，外祖父当即就让他带1500元到报社，署名"南京中医药大学孟先生"。外祖父捐助不图名，施恩不求报，设立奖学金其中一个要求就是不以他的名字命名，对外捐款也是从不留真实姓名，这是古人说的"阴德"，孙真人在《大医精诚》中写道："人行阳德，人自报之；人行阴德，鬼神报之。"外祖父从小体弱，不到70岁时患急性重症胰腺炎，93岁冬至患严重肺部感染，心肺功能衰竭，两次都是濒临死亡，最终痊愈，并以96岁高寿辞世，应该算是有福之人。古人云："仁者寿。""大德者，必得其寿。"外祖父一生医者仁心、行善积德，天地自有公道。外祖父财布施不求人知，法布施（带教学生）不求回报，做过了就放下了，这也应了《金刚经》所说的"应无所住而行布施"，无我才能成就大我，无心布施功德无量。

六、为行者

外祖父经常用周总理的一句话来自勉:"活到老,学到老,做到老。"他对于中医的学习从未停止过,购买中医书籍差不多是他的最大开销,10年前我开始学习"中医扶阳派",也向外祖父推荐过一些书籍,数月后再去他家,发现书柜中竟然多了几本书,有《思考中医》《扶阳讲记》《李可老中医急危重症疑难病经验专辑》等。

外祖父虽然是搞中医基础理论研究的,但他的所学、所研究都是为临床服务的,他始终强调临床疗效。外祖父常说"中医的生命力在临床",一切以疗效为标杆,这导致他临床用药不拘一格,除了正常中药处方外,他还经常会给患者开些单方小验方,如吃南瓜子治前列腺增生、吃白果治带下、朱砂外敷治失眠等,常常疗效显著。他不止一次告诉我,自古就有"一张单方,气死名医"之说,希望引起我的重视。

自百年前西学东渐,中医的科学性就一直被质疑,近年来更有"取缔中医"之言论,外祖父从不与人去争辩这些是非,他坚持中医只要能治好病就是科学的,"实践是检验真理的唯一标准",他用无数治疗疑难病症的成功案例为中医正名。

除了为他人运用中医药,他自己的健康也多用中医药维护保航,他50多岁出现血压升高,坚持服用杞菊地黄丸10余年,血压一直保持稳定。那次外祖父患急性胰腺炎,脱离危险期后,西医一直让他禁食,静脉补充营养。由于始终四肢乏力、言语无力,他就嘱咐子女偷偷给他煮米汤喝,几天后气力大增,西医都为之惊叹。外祖父后来给我解释说:"有胃气则生,无胃气则死,而米汤最能补充胃气。"外祖父平时生病也都是靠自己开中药解决,晚年以按摩穴位保健,一生除了三次重病外,几乎没有用过西药,他的一生是"用生命证明中医的科学性"。

为了中医事业,他没有豪言壮语高声疾呼,而是默默地去做,认真地诊治每一位患者,不断提高临床疗效,晚年撰写大量中医养生文章宣传中医,让更多的人了解中医,并受益于中医,他是真正的中医行者。

外祖父一生甘愿做一个平凡的中医,无论对学生还是患者,他只求付出,不图回报,对待亲属外人,普同一等,他不愿亏欠任何人,哪怕自己的子孙!他不忍心看到他人受苦,视他人病若己病!

闭上双眼,我还能回忆出儿时他用胡子扎我的面颊,痒得我发笑;夏日坐在萍聚村房屋的阳台上,他摇着蒲扇给我们几个孙辈讲《岳飞传》,其乐融融;大学时代每周末去他家吃晚餐,虽然是稀饭素菜馒头,配些肉食熟菜,但畅谈中医,犹闻"韶"乐之乐,何须酒肉!

这次外祖父生病住院,我一直想给他用中药治疗,但他始终拒绝。到去世前一周我再次询问他时,他已无力言语,只是不停地挥手摇头。这次我似乎真的懂了,外祖父已不贪恋余生,因为自前年无法看病时起,他就觉得自己的生命失去了价值,他活着就是要看病,要为人民服务,而今他既无法为人看病,还要让子女照顾,这是他所不忍的,对于死亡,他如此坦然。

重阳节是传统的老人节,本来是祝福老人的,对于我却尤其悲凉,这一天外祖父永远离开了我们,这一天也恰逢他的"中医学术思想研修班"开班,是巧合,是天意,中医理论讲"重阳必阴",于重阳节过世或许也是吉兆吧!

外祖父遗愿丧礼一切从简,生前身后都不愿浪费,都不愿劳烦他人,参加追悼会的既有张家港市、南京中医药大学的领导，还有学校老师、老同事，数量最多的是曾经受业于他的学生，还有以前的患者，有好几位学生患者是从外省赶来，我相信他们都是自发自愿的，这是对于一位医生最大的认可。

人终有一死，斯人已逝，精神永存！

外祖父逝世的消息发布后，很多学生朋友写文章缅怀，苏州灵岩山寺崇恩法师看到我的微信后评论："杏林枝损，莲池上新。"深感欣慰！还有很多人写了挽联，我在重阳节清晨照旧练习养生桩功，练功中构得一联以表哀思：

温良恭俭让，反求诸己，是儒家真君子；
慈悲喜舍空，普济群生，为人间大菩萨。

外孙景天驰丁酉年九月十六哀书于家中

孟景春出版著述一览表[①]

序号	著述名称	出版时间	出版单位
1	中医学概论	1958年9月	人民卫生出版社
2	疑难病案百例选	1986年5月	江苏科学技术出版社
3	养生丛书 饮食养生	1992年1月	江苏科学技术出版社
4	中药养生	1992年1月	江苏科学技术出版社
5	中医康复	1992年3月	江苏科学技术出版社
6	中医养生康复学概论	1992年10月	上海科学技术出版社
7	饮食养生	1994年1月	江苏科学技术出版社
8	百病中医调养	2005年9月	上海科学技术出版社
9	黄帝内经	2005年12月	线装书局
10	孟景春临床经验集	2008年3月	湖南科学技术出版社
11	趣话中药	2009年1月	湖南科学技术出版社
12	生活中的中医	2009年9月	上海科学技术出版社

---

① 该部分信息可能有遗漏。

续表

序号	著述名称	出版时间	出版单位
13	孟景春解析古今奇症医案	2010 年 11 月	湖南科学技术出版社
14	孟景春内经讲稿	2011 年 1 月	人民卫生出版社
15	熟门熟路看中医：高效率就诊策略	2011 年 1 月	上海科学技术出版社
16	名医诊言录	2011 年 5 月	人民军医出版社
17	孟景春医集	2012 年 5 月	湖南科学技术出版社
18	孟景春选评疑难病案	2012 年 8 月	人民军医出版社
19	孟景春用药一得集	2012 年 10 月	人民军医出版社
20	趣话中医——孟景春解析古今名医趣案	2013 年 1 月	湖南科学技术出版社
21	中医就有这么牛——中医大家孟景春治疗疑难杂症的故事	2015 年 2 月	湖南科学技术出版社